古代歷史文化 研究輯刊

二九編

王明蓀 主編

第 1 冊

《二九編》總目

編輯部 編

中國帝王陵通考（上）

謝敏聰 著·攝影

國家圖書館出版品預行編目資料

中國帝王陵通考（上）／謝敏聰 著・攝影 -- 初版 -- 新北市：
花木蘭文化事業有限公司，2023〔民112〕
目 8+190 面；19×26 公分
（古代歷史文化研究輯刊 二九編；第 1 冊）
ISBN 978-626-344-145-3（精裝）
1.CST：陵寢 2.CST：中國
618　　　　　　　　　　　　　　　　111021676

ISBN-978-626-344-145-3

9 786263 441453

古代歷史文化研究輯刊
二九編　第 一 冊　　　　　　ISBN：978-626-344-145-3

中國帝王陵通考（上）

作　　　者　謝敏聰
攝　　　影　謝敏聰
主　　　編　王明蓀
總 編 輯　杜潔祥
副總編輯　楊嘉樂
編輯主任　許郁翎
編　　　輯　張雅淋、潘玫靜　美術編輯　陳逸婷
出　　　版　花木蘭文化事業有限公司
發 行 人　高小娟
聯絡地址　235 新北市中和區中安街七二號十三樓
　　　　　　電話：02-2923-1455／傳真：02-2923-1452
網　　　址　http://www.huamulan.tw 信箱 service@huamulans.com
印　　　刷　普羅文化出版廣告事業
初　　　版　2023 年 3 月
定　　　價　二九編 23 冊（精裝）新台幣 70,000 元　　版權所有・請勿翻印

《二九編》總目

編輯部　編

《古代歷史文化研究輯刊》
二九編　書目

《古代歷史文化研究輯刊》二九編
各書作者簡介・提要・目次

第一、二、三冊　中國帝王陵通考

作者簡介

謝敏聰，1950 年出生於台灣彰化。

學歷：台灣大學歷史系學士（1977）。文化大學史學研究所碩士（1980）。香港珠海大學中國歷史研究所博士（1992）。

退休前職務：台北城市科技大學專任副教授。清華大學歷史研究所兼任副教授。

學術榮譽：

1. 著作榮獲教育部 1976、1984、1989 年三度青年研究著作獎。

2. 作品榮獲教育部 74 學年度、76 學年度二度大學教師改進教學資料作品獎。

3. 論文曾榮獲美國哈佛大學名譽教授費正清（JOHN K. FAIRBANK）博士、英國學術院院士崔瑞德（DENIS TWITCHETT）教授聯合總主編的英文版《劍橋中國史》引用及列進參考書目。

4. 專書榮獲美國國家文理學院終身院士、哈佛大學名譽博士巫鴻教授在其中、英文版著作《武梁祠》、《中國古代藝術與建築中的「紀念碑性」》2 部，列為參考引用文獻。

5. 論文曾榮獲香港大學地理系主任薛鳳旋教授在其中、英文版專著《北京：由傳統國都到社會主義首都》（香港大學出版）引用。

6. 專書曾榮獲中國社會科學院考古研究所與河北省文物研究所編著：《磁縣灣漳北朝壁畫墓》列為引用參考文獻。

7. 論文曾榮獲香港中文大學講座教授兼系主任陳學霖博士在其論文〈元人都建造傳說探原〉引用，及《劉伯溫與哪吒城》專書中列為引用及參考書目。

8. 專書曾榮獲中華學術院院長、文化大學創辦人張其昀教授在其專書《中華五千年史》列為參考書目。

9. 專書曾榮獲台灣大學歷史系主任暨研究所所長胡平生教授在其《民國初期的復辟派》列為參考書目。

10. 專書榮獲國際級、國寶級的藝術大師王子雲教授在其專著《漢代陵墓圖考》列入整理採圖主要參考書目。

11. 作者榮獲香港《紫荊雜誌》讚譽為 1980 年代以來即享譽兩岸及海外的古建築學者。

主要著有：《中國歷代帝王陵寢考略》，台北：正中書局，1976 年。《明清北京的城垣與宮闕之研究》，台北：台灣學生書局，1980 年。

主要編著：《中華歷史圖鑑》，台北：聯經出版事業公司，1978 年。（書名榮蒙國畫大師張大千先生題款）

主要譯有：《中國古建築與都市》，台北：南天書局有限公司，1987 年。（ANDREW BOYD 原著）

另撰有：論文、專文數十篇，散見學報、《牛頓雜誌》、《時報雜誌》……。

製片：《中國史（通史）大觀》DVD，台北：上德傳播事業公司錄製，1993 年。《中國史（文化史）專題》DVD，台北：上德傳播事業公司錄製，1999 年。

提　要

中國在原史時代（Protohistoric Age）的帝王陵墓，均屬紀念性的儀墓。20 世紀學術史意義上的中國帝王陵考古是從中央研究院歷史語言研究所 1934～1935 年的三次在安陽殷墟王陵發掘開始的，此三次發掘於洹北侯家莊西北岡確認了殷王陵區。

國民政府時期陵寢也間有偶然間的發現、發掘。尤以 1949 年後至今 70 多年來經幾代專家們、學者們的努力，或團隊、或個人均取得了豐碩的成果。但均是個別的、或斷代的陵區，尚少作陵寢通史、通考的系統性整理。

正史上史書多載陵名，不載地點，以致湮沒荒草，必須經後代依靠出土文物再度確認（如北魏孝文帝的長陵），才能確定陵址。

本書試圖將中國帝王陵做系統性的統整，除了取材自傳統史籍，另也取材自考古報告（如中央研究院《侯家莊第二本1001號大墓（上、下）》、南京博物院《南唐二陵發掘報告》……等專書），另也引用大陸的期刊，如刊載於《考古》、《文物》、《考古與文物》、《文博》……等權威性的考古報告或學者們整理的試析論文。

作者考察路線是依循2000年左右大陸新編的《方志》地圖，到達陵墓地點。陵區的觀光點也售有鄉土學者、民間學人們所著的專書（如吳乃慶《太昊陵》、唐家鈞等《鹿原陂上炎帝陵》、于善浦《清東陵》……）作者亦不吝購閱，或接受餽贈。

作者不揣愚昧，試圖推考陵地，以考古學證據儘量恢復其規模，雖47年的研究（1976～2023），30年的大陸考察（1988～2018），11年的撰寫整理（2012～2023），限於史料及受限於作者個人的能力，相信仍有許多不夠完備的地方，書中的疏漏、錯誤之處自應由作者負責，拙著尚請學者們、專家們指教！

目　次

上　冊

下　冊

第四、五冊　中國風水文化傳統

作者簡介

　　喻學才，1954 年生，湖北大悟人，東南大學人文學院教授。旅遊規劃研究所所長。國家文物局全國文物標準化委員會委員。1992 年以來，在本校先後擔任過中國文化系系主任，旅遊學系系主任。三十年來，主要從事中華文化遺產的研究和利用，有遺產與旅遊方面的學術論文百餘篇，著作十餘種。1999 年，2009 年，還曾先後兩次應江蘇地域各高校旅遊專業同行推舉，主編過兩套蘇版高等院校旅遊管理本科教材。目前正在從事《中國遺產保護傳統》，《中國旅遊文化傳統》等著作的撰寫和修訂。

提　要

　　中國古代的墓葬文化大體經歷過族葬—孝葬和蔭葬三個歷史階段。孝葬

和陰葬都是本書著者創造的詞彙。孝葬只是出於孝親動機，屬儒家的正統墓葬文化。陰葬專指風水葬埋術為標誌的墓葬文化。信奉風水者認為，地下有生氣運行，一如人體內部有生氣運行。人體的生氣在人死後藏聚在骨頭裏面。只要能選準位置埋葬得當，死者的骸骨所保存的生氣，就會和地中生氣相融合，從而借助血緣關係，傳遞給他的子孫並相信會得到福蔭。著者用大量的事實說明這種好風水可以福蔭子孫的說法並不靠譜。但因為陰葬信奉者追求對自然美的認識，追求對地中生氣的利用，追求對人居環境的選擇，數千年來，積累了大量的歷史經驗和理論認識，因此又是一份厚重的中國文化遺產，理應予以科學的研究和總結。

著者認為，中國古代墓葬文化由儒家孝葬文化向陰葬文化轉變的過程中，朱熹是重要的推手。朱熹是理學家中第一個將風水學說引入傳統的孝葬文化開風氣的人。從他以後，落第秀才當風水先生開始理直氣壯起來。同時，由於風水從業者文化水準的普遍提高，也大大加強了風水學說的普及速度和風水著述的學術水平。

本書對陽宅和陰宅這兩大系統，郭璞，楊筠松、賴文俊等風水大家，《宅經》，《葬書》等重要風水典籍，王氣，望氣，五行，羅盤等概念及實操，都有深入淺出的研究介紹。

目　次

上　冊

自　序

第六冊　文峰塔研究：基於科舉、風水與宗教文化的考察

作者簡介

郭俊良（1986～），河南林州人，2016 年畢業於四川大學道教與宗教文化研究所，獲哲學博士學位。曾在廣州市中山大學歷史學系中國史博士後流動站工作兩年，現就職於四川警察學院。主要研究方向為中國佛教文化、歷史地理學。現已發表論文多篇，出版《佛果擊節錄》（合校）、《傳統視域下的錢穆——中外文明交流史數論》（合著）等學術專著。

提　要

本書主要從科舉、風水與宗教文化的角度對文峰塔進行考察。文峰塔作為科舉風水活動的產物，與唐宋社會及科舉制變遷有重要關係。科舉制雖產生自隋唐，但直至宋代才成為士人博取功名富貴之主要途徑，圍繞科舉的術數活動和宗教信仰方才興盛。本書利用史志類文獻進行考證，認為文峰塔最早興起於宋朝，而非學界常認為的興起於明代；唐代尚無文筆峰地名，至宋

代才逐漸流行，並呈現出地名變遷現象。

　　文峰塔誕生之初即直接借用佛塔，因中國樓閣式佛塔外形肖似文筆，在科舉風水視野下與文筆山有相似功用。范仲淹視饒州妙果院塔為郡學之文筆峰，當為文峰塔之始。文峰塔與孔子、文昌帝君、魁星等信仰共同構建起豐富的科舉信仰文化，文峰塔、孔廟、文昌閣、魁星閣等建築在空間上也因風水和信仰發生著關係，並共同發揮科舉風水和崇拜功能。

目　次

第七冊　歷代茶事文化探論

作者簡介

湯智君，現任國立聯合大學華語文學系專任副教授，兼任華語文學系主任、華語文中心主任。著有《墨學之「義」之考察》（收錄於林慶彰主編《中國學術思想研究輯刊》第十編）、《先秦墨家學說研究》、《墨子、韓非子研究論集》等專書。另著有二十餘篇墨學與法家韓非子學相關論文於國內期刊或學報。2010 年起，於通識中心開課，講授「茶的藝術與文化」，迄今十餘年，本書乃課餘教學研究心得匯集而成。

提　要

《歷代茶事文化探論》擷選六篇論文。第壹章：〈從法門寺地宮出土茶器管窺唐代宮廷茶道〉，探討法門寺地宮出土茶器品項與特色，並將法門寺出土茶器和陸羽《茶經》中的茶器相比較。第貳章：〈唐代煎茶道文化芻議〉，通過唐人茗飲的技藝，觀察唐人透過茗飲文化體會儒釋道三教的哲思至理，得到精神與心靈內涵昇華的境界。第叁章：〈宋代鬥茶藝術文化初探〉，談宋代的鬥茶藝術文化，觀察宋人生活藝術化。第肆章：〈明代瀹飲茶事文化析論〉，探討明代之後廢團改散，開創了瀹飲沖泡的方法迄今。還有明代獨特的炒青方法與紫砂壺，明代茶人對於品德、品茗的環境與心境的重視。第伍章：〈潮汕式功夫茶道及其文化意涵研究〉與第陸章：〈清代世俗親民茶事文化〉，可說相互補充，清代茶館林立，茶更加親民，功夫茶理，更是中華茶道之精髓。

目　次

第八冊　宋代史論探

作者簡介

　　曾育榮（1969～），湖北鄂州人，歷史學博士，湖北大學歷史文化學院教授、博士生導師。主要從事五代十國史、宋代史、湖北地方史和中國史學史研究。迄今在《中華文史論叢》《歷史文獻研究》《思想戰線》《江漢論壇》《湖北社會科學》《南開學報》《湖北大學學報》《中國地方志》《中國史研究動態》《中國民族報》《中國科學報》等刊物和報紙（含論文集）發表學術論文 50餘篇；出版專著《高氏荆南史稿》《五季宋初史論探》，合著《中國歷史·五代史》《荆楚史學》。

提　要

　　該論文集的 17 篇文章，在時限上以兩宋為主，另有數篇亦兼及唐五代。就所探討的論題而言，大體可歸為如下幾類：其一是關於社會層面的思考，如從職業角度考察社會流動與社會變遷的關係，從民間信仰與國家意識耦合的維度分析武當真武崇拜在宋代的定型與獨尊，從民族政策的走向上認識西南地區融入中原王朝的總體趨勢，都是從不同方面解讀社會面相的嘗試與探索。其二是關於經濟史相關問題的初步認知，如關於農具稅源流的梳理、宋代人口政策的理解，書評和綜述也主要集中於該領域。其三是關於文獻、史學和教育史的討論，如《壽昌乘》《五代史闕文》、王禹偁的史學以及壽昌軍學的解剖，均屬此類。其四是關於歷史人物的認識，如王禹偁、洪适、崔與之，包括《宋代嶺南謫宦》，關注的都是人物在歷史時期的活動與影響。以上成果，反映的是作者近二十年對宋代史若干問題的不太成熟的看法，也是將來進一步從事兩宋史研究的起點和基礎。

目　次

序　葛金芳

第九冊　儒士與明代政治研究

作者簡介

　　管宏傑，男，1992 年生，河南長葛市人，歷史學博士。現為周口師範學院馬克思主義學院講師，專注於明代政治史和科舉史研究，參與 2017 年福建省社科基金重大項目「明代福建進士群體研究」（FJ2017Z009）等社科項目。在《讀書》、《歷史檔案》等核心學術刊物發表相關論文 10 多篇，代表作有《關於明代文臣得諡》、《明代南直隸鼎甲進士的地域分布與社會流動》、《明代〈進士登科錄〉考誤》、《明代〈登科錄〉上三代直系親屬履歷考誤》、《明代實任閣臣總數新考》、《〈明實錄〉載名臣傳記考誤》等。

提　要

　　明代薦舉儒士可追溯到漢代察舉制；明代科舉儒士可追溯到唐代科舉常

科考試中的鄉貢。科舉儒士須經過朝廷有司確認其身份並按報考程序應舉；明代至少有儒士舉人 1011 名，儒士進士 243 名，在時空分布上呈現出分布廣泛且不平衡性；科舉儒士鄉試落第後可繼續以「科舉儒士」身份應舉，也可通過由府、州、縣官和提學官主持的進入府、州、縣學的考試，中式者即可入學成為生員；會試落第後按制應入國子監，亦可通過坐監肄業和挨撥歷事獲得選官資格；但也有少數科舉儒士會試落第後，未依例入監，繼續以科舉儒士身份應舉；科舉儒士棄舉轉而從事經商、塾師、遊幕等社會職業，充分發揮了自己的文化功能與社會功能。明代「儒士」在入仕前須經過官府認定，經認定後有薦舉、善書、纂修、教習勳臣子弟、乞恩、傳奉、捐納等入仕途徑；除在洪武朝選官體系中一度處於較有影響的地位外，此後逐漸衰弱以至淪為以進士為核心的選官體系的輔助性角色，處於邊緣化地位。該群體在政治、社會、文化等領域均有不朽的建樹，對當今社會有深刻的借鑒意義。

目　次

第十冊　楊繼盛與「忠臣楊繼盛」之間：一個明代忠臣之再詮釋

作者簡介

曹依婷，臺北士林人。國立政治大學歷史系研究部碩士。研究領域為明代中後期政治文化。目前擔任出版社企畫編輯。喜歡小說、水彩、觀察人和貓、河邊散步，還有看似正常實則怪異的所有事物。

另有論文發表：曹依婷，〈明代廷杖文化的身體暴力與榮譽：以楊繼盛為例〉，《史原》復刊第七期（台北，2016.9），頁 1～40。

提　要

嘉靖 31 年(1552)年初，新上任的兵部武選司員外郎楊繼盛(1516～1555)彈劾當朝首輔嚴嵩，因奏疏中言及皇子，觸犯時忌，被捕入獄三年後斬首。數年後，楊氏在獄中撰寫之《自書年譜》以及敷演其彈劾致死之戲曲、小說廣為流傳，他因此成為史上知名的「忠臣」典範。然而，甚少人留意到後世流傳之《自書年譜》是刪改本，也不曾反思《自書年譜》中楊繼盛的自我形象之形塑動機與其書寫之時空脈絡兩者的關係，而使「楊繼盛形象」始終流於中國傳統道德思維中「忠奸對立」的刻板敘事模式，未能反映出其特殊時代意義。

本文的研究方法參酌高夫曼（Erving Goffman）的《日常生活中的自我表演》（*The Presentation of Self in Everyday Life*），藉由其戲劇社會學之三要件：個體表演、情境定義和劇班，帶出本研究的第二章、第三章與第四章；透過分析與討論楊繼盛的個人生命經驗、其所屬的政治與社會文化背景脈絡及其彈劾嚴嵩的事件脈絡三層面，重新檢驗「忠臣楊繼盛」的形成，並深度探索楊繼盛其人、其事以及其時代。

本研究之目的，在於微觀楊繼盛作為一個「忠臣」之形塑過程，使其意義逸脫出儒家道統之框架，進而看見那些在大論述下被簡化的種種複雜且多

變的人性表現，從而展示其個人生命經驗中自我言詮所創造出的能動性與其時代意義。藉由如此，卸下「忠」之神聖光環的楊繼盛與其「忠臣楊繼盛」角色兩者之間，才能釋放出更大的舞台空間，提供更豐富多元的詮釋可能。

目　次

第十一、十二冊　跨越邊界的禮與俗——明代東亞使節文化書寫研究（1450～1620）

作者簡介

　　廖敏惠，臺中豐原人。國立暨南國際大學中國語文研究所博士、中等教育階段國語文科教師。著有〈紅樓夢前八十回本飲食現象的味外味〉（2012）、〈民間的預示：唐代謠讖詩研究〉（2012）、〈唐宋文人與東亞使節詩歌往來之研究〉（2013）、〈觀看浮現的邊界：南宋初期使北詩人的邊塞移動書寫〉

（2019）、〈隋代樂府詩豔情風格變異之探討〉（2020）、〈華語的教材教法——應用於族語教學〉（2022）等多篇論文。現為國立暨南國際大學中國語文學系兼任助理教授、教育部國民及學前教育署商借教師。

提　要

　　中國使節書寫歷史淵遠流長，漢代承繼春秋時期「詩賦外交」的禮儀傳統，持續發展使節書寫，惟在史籍上僅留下吉光片羽；唐宋以降，使節筆下逐漸凝塑出一個跨越邊界的書寫形式；至明代開創使節多元書寫的另一個高峰。使節書寫作為出使異域言談見聞記錄，同時亦直接或間接地呈現當代獨特的文化形態及現象，展現當代時空背景下的別具一格的特色。

　　明代初期，太祖朱元璋為恢復過往隋唐時期使節絡繹的榮光，積極拓展外交關係，各國使臣咸來朝貢，盛極一時。但是，英宗土木堡之變的發生，使得明朝的對外關係出現重大轉折。為重塑明朝的宗主國地位，展現國家的文學素養與文化風貌，明朝開始派出大量文人使節出使朝貢國家。使節出使之際，必著眼於藩屬國有否遵循明朝相關禮儀，並透過「賦詩言志」展示深厚的文化底蘊，重拾大明王朝的榮耀。

　　近年來，東亞地區益形重要，且在政府積極推動新南向政策的背景下，從事東亞相關研究議題蓬勃發展，促成使節空間移動越境與跨界的書寫成為當代顯學。歷來使節作品多著眼於單一區域、單一視角的單線書寫，然而，同在大明王朝的時間軸下，彼此間橫向的相互關照、史料間的比較研究，進而拼合交織而為使節文化書寫，並影響周遭主要朝貢國家的，卻幾無著墨。

　　緣此，本研究將考察土木堡之變後至萬曆年間使節在朝鮮、琉球、安南等東亞朝貢國家的文化書寫，從出使朝鮮的文化觀看與認同、出使琉球的域外探奇與訪俗，以及出使安南的記憶重構與共鳴，總結其間禮與華同、殊方同俗、禮遵明制的共通性，並歸納使節對朝鮮、琉球、安南等朝貢國家產生的影響。

目　次

上　冊

第十三、十四冊　清代廣東團練研究（1804～1911）

作者簡介

何圳泳，廣東潮州人，贛南師範大學歷史文化與旅遊學院講師。曾就讀於湖南師範大學歷史文化學院，為中國史方向博士研究生，致力於晚清政治史研究，已發表論文十餘篇。

提　要

清嘉慶以後廣東地區動亂不斷，例如華南海盜、兩次鴉片戰爭、中法戰爭和清末廣東盜匪等。清代廣東團練的興起，關鍵在於官、紳、民面對社會

動亂之時所做出的應對。而地方團練組織本是地方民眾維護社會秩序的武力自衛組織，經由國家與地方官府大力倡導而得到廣泛推廣，進而形成大規模的團練活動，具有「由下而上、自上而下，上下聯動」的活動模式。清代廣東團練活動「應亂而起、亂止輒撤」的活動特點。相較於清代其他省區，廣東團練反抗外來侵略規模之大、次數之多，遂使反侵略鬥爭成為清代廣東團練的特色。除此之外，清代廣東團練組織呈現出從鄉兵組織形式向社會管理機構的形式變化。

　　總而言之，自 1804 年至 1911 年長達百餘年的廣東團練活動發展歷程，及其團練組織的興辦、發展與轉變，皆與清代廣東地方社會的發展變化產生緊密聯繫。透過對清代廣東地方社會的發展過程及其團練組織設置、轉變等情況的考察，我們可以進一步對當時廣東社會發展變化情況展開分析。另外，本書通過與其他省份團練情況的對比研究，可以歸納演繹清代廣東團練的特點，以及清代團練的共性。在其學術研究意義上，清代廣東團練研究對區域社會史、政治史、軍事史、中外關係史等幾個歷史學科研究領域提供了一個新研究視角。

目　次

第十五、十六冊　咸同湘軍與湖湘理學研究

作者簡介

　　湯浩，男，漢族，1974年生，湖南省洪江市（原黔陽縣）人。1998年～2001年在湖南師範大學歷史系就讀，獲歷史學碩士學位。後入湖南大學嶽麓書院學習，2018年獲歷史學博士學位。從事過教師、行政崗位工作。研究方向為中國近代學術思想史，發表過《春秋戰國時代軍事倫理理念的嬗變》《凝士以禮：理學導向下的湘軍「節制」機制分析》《湘淮軍集團的同源異流：一個理學文化視角的比較》《湘軍「兵爭」思想中的理學文化向度》《船山學行對湘軍經世的影響》等論文，並牽頭撰寫過政府績效考核管理專著。

提　要

　　湘軍集團與理學文化有著深層次的互動關係。咸同湘軍的興起，不僅是宏濟艱難的現實選擇，更是儒學內部結構運動的結果，是理學自救的產物。

湘系理學經世派受內憂外患的深重刺激，自下而上地打破有清以來二百餘年理學內斂時期之沈寂，比較成功地將學術思想轉化為政治軍事組織能力，開啟了近代中國第一次政治—文化自強運動。

咸同湘軍以理學作為節制之道，培植政治和文化的雙重權威結構。湘軍以理學原則對政治軍事制度進行改創，建設其獨特的軍系文化，其儒兵思想中的儒學向度，使之成為軍事活動中活用理學的典範。湘軍人物多具有匡濟時艱的精神，自勵殉道的操守、任事敢為的勇氣、堅毅不拔的意志。特別是在國勢陵夷中注重「隱圖自強」，力破「不勤遠略」的儒學政治傳統。同時這種創制也具有實用性、漸進性、適應性、局部性特點，具有明顯「過渡性」特徵。

湘軍集團體立用行、務本開源的「通儒」經濟，極大地豐富擴充了儒學的踐履範疇，在更廣闊的社會格局和宏觀文化視野上深刻影響著晚清理學發展的軌跡。湘軍一定程度改變了宋明儒學柔弱幽胡之弊，煥發了理學價值，形成了激越高亢的審美情趣，其助推形成的政治新秩序成為晚清政局轉捩的重要樞紐，同時也將儒學社會價值在封建社會晚期最後推向了一個新的高度。

目　次

上　冊

第十七冊　東西交會之際：清末知識分子對香港觀察之研究

作者簡介

范棋崴，台灣新竹人，成功大學歷史研究所博士，目前於成功大學博物館擔任博士後助理研究員。

主要研究興趣與專長為香港華人社會史及中國近代史，因香港本身即為東亞地區航運網絡中之重要港市，加上博士班時期隨指導教授執行近世東亞海港城市等研究計畫，故研究涉獵亦擴及東亞海洋史、越南史等領域；近期則因為工作緣故較常接觸日治以來臺灣史之範疇。未來研究方向預計進一步探索香港與東亞區域如新加坡等其它重要港市的聯繫，並持續探究不同華人族群在這些港市中獲取之文化經驗等議題。

提　要

鴉片戰爭之後，長久以來被中原王朝視為邊陲之地的香港，在英國殖民政府落力經營下，形成具備文化上中西交匯，政治上鄰近中國卻不受清廷干預，輸出西方文化等多元獨特性的國際港市，並成為週邊國家與地區學習效法的對象，與香港緊鄰的晚清中國，亦不例外。當思想多數被儒家傳統形塑的晚清外交使節、長期寓居香港使思想介於中西間之文化人、接受殖民地西式教育之華人菁英等不同背景的清末知識分子置身於香港，與其多元獨特性接觸，他們分別對此又會有那些不同的回應？

本文以1860～1900年間上述三種華人知識分子之日記、遊記、改革思想論述等著作為材料，檢視其中與香港相關之記載，通過比較分析其內容，了解他們在置身香港時，因所承載的思想與文化背景之差異，對香港客觀存在的環境產生各種主觀的描述與觀察，並在此種過程中獲得異文化的衝擊、文化涵化、文化認同等各種文化經驗，以及形成文化傳播等現象。另一方面，對不同的華人知識分子群體而言，在其生命歷程中的特定時間與香港這個城市產生交會時，也因為其各自背景的差異，香港又被塑造為不同的角色，且具備多種不同的功能。

目　次

第十八、十九冊　「三百六十行」詳考——從煙畫《三百六十行》看晚清的市廛風情

作者簡介

　　李德生，原籍北京，旅居加拿大，係加拿大文化更新研究中心研究員，致力於東方民俗文化和中國戲劇之研究。有如下著作在國內外出版發行：《束胸的歷史與禁革》（臺灣花木蘭文化出版社出版 2021 年 3 月）；《粉戲》（臺灣花木蘭文化出版社出版 2021 年 3 月）；《血粉戲及劇本十五種》（上中下）（臺灣花木蘭文化出版社出版 2021 年 8 月）；《禁戲》（上下）（臺灣花木蘭文化出版社出版 2021 年 8 月）；《炕與炕文化》（臺灣花木蘭文化出版社出版 2021 年 8 月）；《煙雲畫憶》（臺灣花木蘭文化出版社出版 2021 年 8 月）；《京劇名票錄》（上下）（臺灣花木蘭文化出版社出版 2021 年 8 月）；

《春色如許》(臺灣花木蘭文化出版社出版 2022 年 3 月);《讀圖鑒史》(臺
灣花木蘭文化出版社出版 2022 年 3 月);《摩登考》(臺灣花木蘭文化出版社
出版 2022 年 3 月);《圖史鉤沉》(臺灣花木蘭文化出版社出版 2022 年 3 月);
《旗裝戲》(臺灣花木蘭文化出版社出版 2022 年 8 月);《二十四孝興衰史》(臺
灣花木蘭文化出版社出版 2022 年 8 月);王琪,著名評劇表演藝術家,中國
戲劇家協會會員。原籍北京,致力於戲劇演出,多次榮獲市文化局頒第一、
二屆「中青年戲劇調演表演獎(《癡夢》)」、「戲劇《秦香蓮》《三姑鬧婚》演
出百場獎」和部頒「戲劇電視連續劇(《慧眼識風流》)金獎」。旅居加拿大後,
致力戲劇教育工作並從事東方民俗文化之研究。有如下著作在國內外出版:
《清宮戲畫》(中國社科出版社出版 2020 年);《春色如許》(臺灣花木蘭文化
出版社出版 2022 年 3 月);《摩登考》(臺灣花木蘭文化出版社出版 2022 年 3
月)

提　要

「三百六十行」是對封建社會小農經濟狀況下農村、市井中百工雜役、
民生諸業的一種泛指。第一次鴉片戰爭後,列強憑藉「艦堅炮利」打開了中
國閉鎖的國門。西方經濟文化的浸入,使華夏的經濟生活發生了很大的變化。
社會分工的細化,新行當、新職業的不斷派生,遠非「三百六十行」可以涵
蓋。此語彙便逐漸退出舞臺。新一代青年人幾乎不知「三百六十行」為何物。
筆者有幸收藏有晚清外國煙草企業在華發行的「三百六十行」煙畫三百餘枚,
連綴一起,宛若一卷「清明上河圖」,真實生動地描述了彼時市井村鎮「三百
六十行」的行為狀況。在攝影術尚不發達的時代,為今人留下了一幀幀寶貴
的影像。筆者盡其所知,一一注以圖釋,遂成此書。諺云:「今人不識舊時月,
願乞此月照古人。」

目　次

上　冊

第二十冊　從點、線、面看中國山水畫基本構成

作者簡介

　　羅勝 1971 年出生於山城重慶武隆大深處的一個田園小村，自幼愛好繪畫，南京大學哲學系 2018 級在讀博士，文化哲學專業佛家文化藝術研究方向，師從賴永海先生；2014 年畢業於西安美術學院中國畫系山水畫理論與實踐方向，受教於王保安先生，畢業獲藝術碩士學位；曾從事過原畫設計師、平面設計師、企劃部經理、大區銷售經理、分公司經理等職務，同時還在大學和中專學校任職過廣告設計和動畫設計教學，以及大學輔導員等職務。

提　要

　　《從點、線、面看中國山水畫基本構成》主要以康定斯基「點、線、面」理論為切入點，並結合中國山水畫固有的構成元素進行分析和總結；分析的

內容涉及中國古典山水的構成形式，同時也涉及到現代水墨畫的表現形式。
該書以現代平面構成設計思維為橋樑，把中國山水畫的現代水墨與古代山水
畫的構成形式有機結合起來，概括總結出中國山水畫基本構成的規律，內容
豐富通俗易懂。除此之外該書還有很多獨特的藝術視角，值得中國山水畫研
究者重視。首先，該書認為中國山水畫的「點、線、面」構成植根於中國人
的古思維模式，比如作者認為在中國仰韶彩陶裏即蘊含著有西方平面構成與
中國山水畫「點、線、面」基本構成觀念；其次，該書還認為中國山水畫「點、
線、面」基本構成觀念還與上古的《周易》八卦思維緊密聯繫。再次，作者
認為進入 20 世紀，中國山水畫的思維模式不斷受到西方藝術思維的衝擊、挑
戰和啟發；這時，西方平面構成觀念也對中國山水畫實踐有所啟發，並成就
了中國現代水墨畫的發展轉機。再次，該書認為中國傳統山水畫「重道輕器」，
在西學東漸影響下，逐漸開始轉向「重器輕道」等現象；同時，現代水墨畫
還夾雜著「資本性」和「製作性」等不良特徵，作者對這些因素表示隱憂。
最後，該書認為隨著人類文化交流的加深，在不久的將來，中國水墨畫因其
人文性特徵鮮明，其前途也是光明的。

目　次

第二一冊　碰撞與匯通——西畫東漸背景下的明清油畫材料技法與畫理畫論研究

作者簡介

　　陳畏，男，1968 年生於北京。2014 年首都師範大學美術學院美術學專業研究生畢業，獲博士學位。現為首都師範大學美術學院教授，研究生導師，中國美術家協會會員，中國油畫學會會員，北京美術家協會理事。

　　文章和作品曾發表於《文藝研究》《美術》《美術觀察》《美術研究》《中國油畫》《中國美術教育》《美苑》《美術大觀》《裝飾》《新華文摘》和《中國文化報》等多種專業核心期刊，出版有《陳畏油畫作品集》《陳畏——中國當

代美術家精品集系列》《陳畏油畫肖像作品集》和《當代美術名家經典作品範本——陳畏》等專輯。

提 要

明代隨著歐洲傳教士入華和商貿往來，油畫開始傳入中國，至清代中期，由於大批傳教士畫家入宮供職，以及南方口岸外銷畫的繁榮，油畫得以進一步傳播，本書即選取萬曆至乾隆這一階段，以歷史為線索，著眼於當時中國文化背景和社會環境，立足於油畫材料和技法，系統地釐清油畫由歐洲傳入中國的過程中，在材料技法和畫法畫理方面的發展脈絡，為重新審視中國早期油畫發展史提供一個新的視角。

油畫作為舶來品，初入中國所面對的是另一個完全不同且悠久的繪畫傳統，這勢必就造成了它在中國傳播和發展的曲折性，「顏色與用筆」的背後是兩個不同的繪畫傳統乃至東西兩種文化的碰撞。基於此，本書將油畫材料技法的研究融入西畫東漸的情境之中，探討中國繪畫形態及觀念所受的影響；同時，關注油畫在中國傳播發展的內在動因，進而將其置於西學東漸這一中西文化交流的大背景之下加以考量，視之為當時傳入中國的眾多西學之一，更多地從學理和文化層面來分析探討，以尋求其在中國美術融入世界美術過程中的意義和價值。

目 次

第二二、二三冊　惲壽平家族研究

作者簡介

　　朱萬章，四川眉山人，畢業於中山大學歷史系和中國藝術研究院明清美術研究專業，獲博士學位，現為中國國家博物館研究館員，從事明清以來書畫鑒藏與研究、出版、教學及展覽策劃等，著有《書畫鑒考與美術史研究》、《居巢居廉研究》、《過眼與印記：宋元以來書畫鑒藏考》、《畫外乾坤：明清以來書畫鑒藏瑣記》、《銷夏與清玩：以書畫鑒藏史為中心》、《尺素清芬：百年畫苑書札叢考》、《鑒畫積微錄》、《白描畫徵錄》等論著二十餘種，撰寫美術史與書畫鑒定論文近百篇，策劃「明清人物畫展」、「明清花鳥畫展」、「紀念蘇庚春暨徵集書畫精品展」等大型展覽；近年研究領域開始涉及近現代美術史和當代美術評論。同時兼擅繪畫，出版有《一葫一世界：朱萬章畫集》、《學・藝：朱萬章和他的藝術世界》等。

提　要

　　在學術界越來越關注到惲壽平藝術成就及其在清代以來的中國畫壇產生重大影響的時候，往往會忽略惲氏家族的文化積澱及其藝術淵源對惲壽平本人的影響及其在清代繪畫史上意義，同時也忽略惲氏家族在明清美術視野中的作用及其文化背景。因此，對惲壽平賴以生存的惲氏藝術家族的疏理與研究也就顯得越來越迫切與必要。惲氏長期居住於毗陵，繁衍生息，代代相傳。從元代以降，直到 20 世紀，其傳承之脈絡極為清晰，並且多出官宦、文人、畫家，所以清代道光年間的書畫家陸鼎在為惲壽平《甌香館集》作序時開宗

明義便說：「毗陵惲氏，世家也」，而徐珂《清稗類鈔》也說：「毗陵惲氏多畫師」。這是對惲氏家族的極好概括。

在惲氏家族中，以現在有據可查的文化人可追溯到明代成化年間的惲釜，一直綿延至晚清民國，可謂文脈清晰，家學淵源。在惲氏家族中，這種「連貫性」集中表現在藝術成就方面。據統計，屬常州惲氏家族系統的畫家有近 70 人。在同一個家族中，產生如此眾多的藝術家，時間跨度達五、六百年，這在中國美術史上，是並不多見的。他們從明代中期以來便秉承詩書傳家的文化傳統，以筆墨自娛，以家塾式的教育薪火相傳。這種家族的發展既有源於光宗耀祖的普遍心態，也有文化家族的相互砥礪與薰染。有清一代，以惲氏家族為中心的江蘇畫壇，甚至出現「家南田而戶正叔」的現象。在這些書畫家中，不少人有大量的書畫作品行世，成為一筆寶貴的文化遺產，也是中國美術史上一道亮麗的風景線。

另一方面，惲氏家族中，惲壽平之外的多數藝術家幾乎都被遮蔽於惲壽平巨大的光環之下，並不為人所知。基於此，本文在掌握大量史料和傳世作品的基礎上，通過對史料的疏證，釐清惲氏家族自明代中期至清代中期約兩百餘年的發展脈絡與各個藝術家的藝術成就，揭示其家族背景、文化淵源、藝術傳承、藝術成就以及在清代畫壇的影響及其在中國美術史上的意義等等。希望這種考據與立論的研究能有助於學術界從家族背景的角度透視以惲壽平為代表的惲氏家族在明清美術史上的地位。

本書通過對傳世惲氏書畫作品的疏理與考察，參考中國國家博物館、北京故宮博物院、臺北故宮博物院、遼寧省博物館、香港中文大學文物館、浙江省博物館、廣東省博物館、天津博物館、日本京都國立博物館、日本觀峰館、上海博物館等數家海內外博物館所藏惲氏作品，並結合大量的時人文獻及今人的研究成果，解析惲氏家族的發展、演變及其藝術傳承脈絡，並希望藉此透視中國古代美術教育、藝術傳播及其家族背景的關係。

目　次

上　冊

中國帝王陵通考(上)

謝敏聰 著‧攝影

作者簡介

謝敏聰，1950 年出生於台灣彰化。

學歷：

台灣大學歷史系學士（1977）。

文化大學史學研究所碩士（1980）。

香港珠海大學中國歷史研究所博士（1992）。

退休前職務：

台北城市科技大學專任副教授。

清華大學歷史研究所兼任副教授。

學術榮譽：

1. 著作榮獲教育部 1976、1984、1989 年三度青年研究著作獎。

2. 作品榮獲教育部 74 學年度、76 學年度二度大學教師改進教學資料作品獎。

3. 論文曾榮獲美國哈佛大學名譽教授費正清（JOHN K. FAIRBANK）博士、英國學術院院士崔瑞德（DENIS TWITCHETT）教授聯合總主編的英文版《劍橋中國史》引用及列進參考書目。

4. 專書榮獲美國國家文理學院終身院士、哈佛大學名譽博士巫鴻教授在其中、英文版著作《武梁祠》、《中國古代藝術與建築中的「紀念碑性」》2 部，列為參考引用文獻。

5. 論文曾榮獲香港大學地理系主任薛鳳旋教授在其中、英文版專著《北京：由傳統國都到社會主義首都》（香港大學出版）引用。

6. 專書曾榮獲中國社會科學院考古研究所與河北省文物研究所編著：《磁縣灣漳北朝壁畫墓》列為引用參考文獻。

7. 論文曾榮獲香港中文大學講座教授兼系主任陳學霖博士在其論文〈元大都建造傳說探原〉引用，及《劉伯溫與哪吒城》專書中列為引用及參考書目。

8. 專書曾榮獲中華學術院院長、文化大學創辦人張其昀教授在其專書《中華五千年史》列為參考書目。

9. 專書曾榮獲台灣大學歷史系主任暨研究所所長胡平生教授在其《民國初期的復辟派》列為參考書目。

10. 專書榮獲國際級、國寶級的藝術大師王子雲教授在其專著《漢代陵墓圖考》列入整理採圖主要參考書目

11. 作者榮獲香港《紫荊雜誌》讚譽為 1980 年代以來即享譽兩岸及海外的古建築學者。

主要著有：

《中國歷代帝王陵寢考略》，台北：正中書局，1976 年。

《明清北京的城垣與宮闕之研究》，台北：台灣學生書局，1980 年。

主要編著：

《中華歷史圖鑑》，台北：聯經出版事業公司，1978 年。（書名榮蒙國畫大師張大千先生題款）

主要譯有：

《中國古建築與都市》，台北：南天書局有限公司，1987 年。（ANDREW BOYD 原著）

另撰有：

論文、專文數十篇，散見學報、《牛頓雜誌》、《時報雜誌》……。

製片：
《中國史（通史）大觀》DVD，台北：上德傳播事業公司錄製，1993 年。
《中國史（文化史）專題》DVD，台北：上德傳播事業公司錄製，1999 年。

提　要

　　中國在原史時代（Protohistoric Age）的帝王陵墓，均屬紀念性的儀墓。20 世紀學術史意義上的中國帝王陵考古是從中央研究院歷史語言研究所 1934 ～ 1935 年的三次在安陽殷墟王陵發掘開始的，此三次發掘於洹北侯家莊西北岡確認了殷王陵區。

　　國民政府時期陵寢也間有偶然間的發現、發掘。尤以 1949 年後至今 70 多年來經幾代專家們、學者們的努力，或團隊、或個人均取得了豐碩的成果。但均是個別的、或斷代的陵區，尚少作陵寢通史、通考的系統性整理。

　　正史上史書多載陵名，不載地點，以致湮沒荒草，必須經後代依靠出土文物再度確認（如北魏孝文帝的長陵），才能確定陵址。

　　本書試圖將中國帝王陵做系統性的統整，除了取材自傳統史籍，另也取材自考古報告（如中央研究院《侯家莊第二本 1001 號大墓（上、下）》、南京博物院《南唐二陵發掘報告》……等專書），另也引用大陸的期刊，如刊載於《考古》、《文物》、《考古與文物》、《文博》……等權威性的考古報告或學者們整理的試析論文。

　　作者考察路線是依循 2000 年左右大陸新編的《方志》地圖，到達陵墓地點。陵區的觀光點也售有鄉土學者、民間學人們所著的專書（如吳乃慶《太昊陵》、唐家鈞等《鹿原陂上炎帝陵》、于善浦《清東陵》……）作者亦不吝購閱，或接受餽贈。

　　作者不揣愚昧，試圖推考陵地，以考古學證據儘量恢復其規模，雖 47 年的研究（1976 ～ 2023），30 年的大陸考察（1988 ～ 2018），11 年的撰寫整理（2012 ～ 2023），限於史料及受限於作者個人的能力，相信仍有許多不夠完備的地方，書中的疏漏、錯誤之處自應由作者負責，拙著尚請學者們、專家們指教！

致　謝

30 年來（1988～2018），作者在大陸考察得到無數的大陸朋友協助，謹此申謝，計：

遼寧大學文學院院長孫文良教授、漢光武帝原陵文物管理所所長劉宏彬教授、江蘇省六朝史研究會會長楊再年教授、丹陽市埤城鎮長魏英明先生、南京市博物館研究員邵磊教授、東南大學許丹教授、遼寧師範大學歷史文化旅遊學院院長田廣林教授、大連民族學院客座教授于建設教授、揚州市文物考古隊隊長束家平教授、揚州市文物考古隊研究員劉剛教授、明定陵博物館研究員金勇教授、清東陵文物管理處副處長于善浦教授、清東陵文物管理處研究室主任徐廣源教授、清東陵文物管理處研究員陳景山教授。

研究生龐淼同學、張帆同學、楊晨同學、謝驊同學、韓玫同學、裘蕾潔同學、曹譯丹同學、周娟霞同學、高厚哲同學。

司機石寶峰先生、高樹義先生……。

在台灣花木蘭文化事業有限公司的有發行人高小娟小姐、總編輯杜潔祥教授、副總編輯楊嘉樂小姐、主編王明蓀教授、編輯主任許郁翎小姐、編輯張雅淋小姐、潘玟靜小姐、美術編輯陳逸婷小姐。

文化大學宋肅懿講師協助校對，也都傾全力促成本書的出版。

第一章　緒論：中國帝王陵寢制度之沿革

　　中國皇陵制度基本上是文化史的一部份，由遠古演進而來，歷秦、漢、唐而到明清臻於高峯（不妨分為由遠古到周為形成時期，由秦到宋為制度確立期，明清為成熟階段），形成一華麗壯觀之建築羣，遺蹟大多均可查考，惟因分散各地，朝代緜延很長，資料蒐集不易，著者就四十七年來（1976～2023）綜合整理帝王陵寢的心得，撰此文，做粗淺的論述。

一、帝王建陵觀念的起源

　　在中國人傳統的觀念裏，死只不過是生的延續。對於死後的世界，古人總想像成和生時一樣。

　　在《儀禮・士喪禮第十二》之中，也稱墓為「宅」。因此魏晉時代的「買地券」（向土地神買賣墓地的契約書）上也有「向天買地，向地（指土地神）買宅」的說法。而陰陽家也稱一般生人居住的房屋為「陽宅」，稱葬埋遺體的墓地「陰宅」。此「宅」通常在人生前就已建好，稱之為壽塚。古時的中國，子女在父母活著時贈柩是一種被人稱讚為孝道的舉止。例如三國時代，孫吳的范慎在「長室」壽塚裏就曾和貴客大肆開宴（另案：明神宗與慈禧太后也都曾於生前在其陵寢的地宮飲宴）〔註1〕，這些都足以證明，在古人眼中生和死是混合在一起而不互相衝突的〔註2〕。因此中國帝王陵寢在前述觀念的

〔註1〕仲忱：〈清末一個太監的自述——小德張〉，台北：《聯合報》，1987年9月。
〔註2〕三浦國雄：〈墓と廟〉，收入村田治郎・田中淡編輯：《中國の古建築》，〔日〕東京，講談社，1980年，頁156～157。

前導下，將帝王陵寢建設得規模宏大，如同都城一般，墓室內的裝設應是宮廷生活的延長，與生時起居無異。如是，在早期宮殿早已腐朽或化為灰燼，而查考困難時，從帝王陵寢也可以看出其究竟。

二、上古葬俗

太古的葬法，棄屍於原野，可謂之為「天葬」。根據考古發掘的資料，到舊石器時代晚期的山頂洞人，已經有意識地把死人埋入土中。以後，原始人為了寄託對死去的上一輩人的哀思，就在墓地上祭祀。墓祭活動至遲到新石器時代晚期已經開始〔註3〕，而又一直延續到商周以後甚至到現代。《漢官儀》一書說「古不墓祭」，應是不正確的〔註4〕。但彙整多數專家意見，「不」字應為虛字，即古代即有墓祭。

另外，年代較早的歷史文獻也普遍認為，中國上古的埋葬之法本來是沒有墳丘的，即所謂的「墓而不墳」〔註5〕，按照漢代經師的看法，王宮貴族墓葬的封築墳丘，是西周開始出現的新事物。經考古發掘的初步觀察，此點也有待商榷。

新石器時代晚期，甘肅大何莊齊家文化墓地上曾發現石圓圈建築，直徑約4.1公尺，附近有砍了頭的牛、羊骨架和卜骨。這應該就是墓祭的遺存。

河南省洛陽市偃師市二里頭發現的殿堂遺址推測，墓上建享堂似可上溯到早商時期，但確切可靠的實例只可推定在殷代。1976年發掘的殷墟5號墓（「婦好墓」），墓壙口上有夯土房基，大小與墓壙口基本相等，房基面上有排列歸整的柱洞，洞內埋有卵石柱礎，房基外側有成行的夯土柱基。根據古建專家的復原，這座房間的平面可以構成進深二間，面闊三間或三間以上，四周有廊廡，其整體似為「茅茨土階、土崇三尺、四阿重屋」式的享堂建築〔註6〕。

中央研究院史語所對安陽侯家莊殷代大墓群的發掘，也曾在墓壙口以下發現大礫石暗礎遺存（如1001號大墓）。近年來又發現若干殷墓的墓壙口上部有和填土相連的夯土台基以及柱洞，礫石柱礎等建築遺蹟。

〔註3〕黃展岳：〈說墳〉，《文物》，1981年第2期，頁89。

〔註4〕《後漢書‧明帝紀》永平元年注引〈漢官儀〉云：「古不墓祭，秦始皇起寢於墓側，漢因而不改。」

〔註5〕《禮記‧檀弓篇》：「古者墓而不墳」。注曰：「古之高者曰墳」，「凡葬而無墳，不封不樹者謂之墓」。

〔註6〕黃展岳：〈說墳〉，《文物》，1981年第2期，頁89。

以上就是殷代「有墓祭」與「墓而有墳」的最好說明。

西周墓上有封土也是沒有疑問的。孔子曾說他見到過封土高大「若堂」、「若坊」、「若覆夏屋」之類的墳墓；他的父母是「封之崇四尺」〔註7〕。西周墓有封土並已經考古發掘所證實。安徽休甯縣屯溪西周兩座墓就都有封土〔註8〕，江蘇省句容縣等處所發掘的西周墓也都有封土〔註9〕。這些墓葬地域偏南，當地的地下水位較高，因此都無墓壙，而是平地鋪礫石基座，上置棺槨及隨葬器物等，然後土封，封土並不夯實（可能也因為取土時含水量較大），但上面顯然是沒有建築設置的。這些墓葬形制較為特殊，也許還有民族習俗的原因。此外還可舉出中原地區諸侯大墓的實例，河南濬縣辛村 1 號墓（報告斷為西周中期），墓室上口南北長 1060 公分，東西寬 900 公分，報告稱「此墓建造甚堅，全部填土都是黃色夯土。上口之外，更各向外擴築夯土寬 2.5、厚 1.5 公尺，土色與墓室相同。」可知這座大型陵墓地面上原來是有封土的。發掘時封土殘存無幾，而且被盜嚴重，上面有無建築已無跡象可考了。

由此可知，西周以後，墓上的夯土台基不斷增高，成為名符其實的墳堆。從現存的東周時代遺蹟來看，當時墳堆上可能承襲殷制，仍建享堂。

不過商、周王陵的封土，地面上的遺存均已不可見。在現有的歷史文獻中，找不到有關西周王陵的直接證據。根據《漢書・楚元王傳》收錄的劉向〈上漢成帝疏〉將西周及春秋時代的文、武、周公和秦穆公作為「薄葬」的例證，強調他們的墓都無丘隴（墳丘），此可能到漢代這些墳已不可尋，故誤以為他們不做墳丘。今仍在陝西咸陽的秦惠文、悼武王陵，也有巨大的墳丘，後世訛傳為西周文、武陵，以此來推論西周陵更是不當的。

墳丘從殷商低矮的夯土台漸演進到戰國時代的高大墳冢。〈劉向・上漢成帝疏〉又說：「秦惠文王以下五王皆大作丘隴，多所瘞藏。」今陝西省咸陽附近，有傳為秦先世諸王的陵墓，高大塚丘，銜接距離很近〔註10〕。

<hr>

〔註7〕《禮記・檀弓上》：「吾見封之若堂者矣，見若坊者矣，見若履廈屋者矣，見若斧者矣……。」
〔註8〕〈安徽屯溪西周墓發掘報告〉，《考古學報》，1959 年第 4 期。
〔註9〕〈江蘇句容縣浮山果園西周墓〉，《考古》，1977 年第 5 期；〈江蘇句容縣浮山果園土墩墓〉，《考古》，1979 年第 2 期。
〔註10〕王世民：〈中國春秋戰國時代的冢墓〉，《考古》，1987 年第 5 期，頁 459。

三、西周晚期到戰國時期的王墓

位於紹興蘭亭鎮里木柵村南印山山頂，海拔高度約 40 公尺。印山的四周外圍沒有隍壕，陵園面積 85000 平方公尺。據考證，墓主人為越王句踐之父允常。

墓坑全從山頂岩層中挖鑿而成，平面呈東西向長方形，坑口長 46、寬 14、深 14 公尺左右。墓室分前、中、後三室，總長 34.8 公尺，寬近 5 公尺，高 4.7 公尺，用加工歸整、三面髹漆的巨大枋木構築，平面呈長方形，橫斷面呈三角形。木棺置于中室，為一大型獨木棺，用一巨大原木剖割為二，較厚一側經掏挖，作棺身；另一半為蓋。棺長 6.04、寬 1.12 公尺，內外髹漆。墓室外先用 140 層左右的樹皮包裹，再用大量木炭和青膏泥填築，墓坑之上還有巨大的封土堆，其防水、防腐措施相當嚴密和科學。

儘管該墓早年盜掘嚴重，出土有帶鞘玉劍、玉鏃、玉鎮、龍首形鉤狀玉部件、長方形玉飾、微型玉管珠、漆木杖、殘漆木器等 30 多件製作精良的珍貴文物。此外還出土有 1 件完整的青銅鋒和 2 件木質夯具等〔註11〕。

值得注意的是，北魏·酈道元的《水經注》對於包括湯冢、伊尹冢在內的早期冢墓，往往語焉不詳，甚至持存疑態度；而春秋戰國的許多冢墓，則將地望和形制敘述的比較具體，例如洛陽王城附近的周靈王冢和景、悼、敬三王陵，蘇州虎丘的吳王闔閭墓、商邱的宋戴公等三公陵，河南衛輝的魏王等墓冢、河北邯鄲的趙王等墓冢。考古探勘則有 1990 年代發掘的虢季、虢仲兩座國君大墓（西周晚期）。及淄博市臨淄區的田齊王陵。臨淄齊國故城附近的桓公冢、晏嬰冢和威、宣、緡、襄四王冢，湖北沮、漳兩河交會處的楚昭王墓（又稱昭丘），以及秦的子楚（莊襄王）陵等等。這也透露，中國古代墳冢的普遍出現是在春秋戰國之際〔註12〕。

四、始皇陵陵況

秦始皇陵是中國第一個統一王朝的帝陵，以往的陵都只是地域性文化的大冢，此則為一個一統王朝集合全國的物力、人力等築造而成。始皇累積上古所創立的陵園制度對後世也有很大的影響，特別是直接影響了漢代的陵寢。始皇陵今仍巍然聳立於平野之上，其輪廓之一部已崩壞，石獸及其他儀

〔註11〕《中國文物地圖集·浙江分冊》，北京：文物出版社，2009 年，頁 138。
〔註12〕王世民：〈中國春秋戰國時代的冢墓〉，《考古》，1987 年第 5 期，頁 459；以及作者謝敏聰親自考察。

飾，今已不留片影；此陵墓為中國最大的，其所覆之面積，較埃及最大之金字塔尤大。

秦代天子冢曰「山」；漢曰「陵」〔註13〕。秦始皇陵當時稱為麗山或麗山園〔註14〕，其墳丘現高 76 公尺，平面方形（485×515 公尺），用夯土築成。在墳丘底部北側發現了墳丘的北邊牆，東西成一條直線，非常規整，顯然是為了加固墳斤的。至於墳丘的原來形狀，因年久塌毀，已不甚明顯了，估計應為覆斗形。

除了（一）巨大墳丘外，始皇陵的特點還有：

（二）四周有牆垣、其四邊有陵門。今始皇陵南部尚存周垣遺址，南垣中央有丈餘高小丘，磚瓦雜陳，為陵南門遺址〔註15〕。陵園平面呈南北長 2173 公尺，東西寬 974 公尺。墳丘在內陵園的南半部。

（三）玄宮制度。其玄宮狀況不得而知，但是安陽殷陵有墓室，並四出羨道，洛陽東周工陵有「天子駕六」等，而秦始皇陵地宮更是挖穿三條地下伏流，以銅鑄成墓槨，而墓內設備則以宮殿為模型，有朝廷、亭閣、亦包括上好的器皿、寶石和珍奇之物。工匠們將伏弩裝設入口處，因此任何侵入者都會被射殺。全國的河川如黃河、長江，以水銀佈置於墓中，並使他們流向一個以縮小比例的大海。頂上佈置如同天空的景像，地上則佈置如同地表一樣。用鯨油做成蠟燭借以希望使之永久燃燒〔註16〕？

（四）陪葬墓與陪葬坑，在陵園內外也發現了很多陪葬墓和陪葬坑。按其方位可分為三組，第一組在墳丘西面和北面邊牆外，都緊靠墳丘。第二組在內陵園西面外以南，有陶俑坑，還有專門埋馬的坑。第三組在外陵園東門外，距東門 350 公尺以南的地方，有南北排列成行的馬坑和陪葬墓，這些陪葬墓的墓道都向西，屍骨凌亂，似屬殺殉。著名的兵馬俑坑，位外陵園東門外 1225 公尺處，正當陵園軸線的北側〔註17〕。

（五）寢殿建築遺蹟。在內陵園的北半部曾陸續發現過一些建築遺蹟。在

〔註13〕陳橋驛：《水經注校釋》，第十九卷，渭水條，杭州大學出版社，1999 年，頁341。

〔註14〕趙康民：〈秦始皇陵原名麗山〉，《文物與考古》，1980 年 3 期。

〔註15〕〔日〕足立喜六：〈長安史蹟の研究〉，東京：東洋文庫，1933 年，秦以前的遺蹟，頁 67。

〔註16〕《史記·秦始皇本紀》。

〔註17〕徐蘋芳：〈中國秦漢魏晉南北朝時代的陵園和塋域〉，《考古》，1981 年第 6 期，頁 51。

距墳丘北面約 150 公尺的地方發現了用石片或卵石鋪砌的道路，還有用巨石砌成的台階和門道，以及其他房屋建築等遺蹟。建築全貌雖還不甚清楚，但從出土的非常考究的菱紋鋪地石和高達 48 公分的巨型夔紋半瓦當來推測，這組建築是極為豪華的，從鋪地石上所刻編號來估計，此建築之規模也是十分宏大的。這又與《續漢書·祭祀志》中記載的秦始皇陵園中「起於墓側」的寢殿位置很符合，也就是說所發現的這組建築遺址應是始皇陵寢殿的一部份〔註 18〕。

此外，在墳丘底部東西兩面都發現了墓道。值得注意的是，東西墓道與內外陵園的東西門正相對應，而兵馬俑坑內的兵馬俑排列的方向也都是面向東方，這可說明始皇陵的方向是東向的，這一點很重要，因為陵園的方向和解釋陵園的平面佈局關係很大。

如果始皇陵的方向是向東的，那麼，其陵園的平面佈局應是：在內陵園中右為陵墓，左為寢殿。整個陵園仍以右側的陵墓為中心，並且形成了一條貫通陵園內外的中軸線。這條軸線不但正從墳丘的正中通過，而且陵園東門外的陪葬墓和陪葬坑的位置也都是以此線為準〔註 19〕。

五、漢代陵制

在秦漢時代對於陵寢的經營看做是非常重大的事，由皇帝登基之日起，即以國庫三分之一來營建陵寢，其規模和制式一如宮殿，不但城垣、角樓、官署、兵房等一應俱全，而且還有苑囿。地下部分稱為「方中」，四出「羨道」（通往地下墓室之隧道，古之仙人稱為羨門），地上部分稱為「方上」，有陵垣、角樓、垣四方中央有闕。另外還以「陵」為中心而建立起一個城市，稱為「陵邑」，西漢時代，每當皇帝駕崩，就移天下富豪來守陵，在陵旁建立起一個為守陵的人居住的邑。漢武帝的「茂陵」人口比起長安還要多〔註 20〕。

漢承秦制，一如春秋時代的宗廟為廟與寢合制（此演變到明清（一）宗廟為廟寢合制，（二）寢亦為廟寢合制）〔註 21〕，陵園之旁建有寢殿。寢殿有東西階廂及神座，旁邊有便殿。寢殿應是陵寢內的正殿，其所以稱為寢殿是

〔註 18〕徐蘋芳：〈中國秦漢魏晉南北朝時代的陵園和塋域〉，《考古》，1981 年第 6 期，頁 51。

〔註 19〕徐蘋芳：〈中國秦漢魏晉南北朝時代的陵園和塋域〉，《考古》，1981 年第 6 期，頁 51。

〔註 20〕李允鉌：《華夏意匠》，台北：龍田出版社重印，1982 年，陵堂與墓室，頁 368。

〔註 21〕楊寬著，尾形勇、太田有子譯：《中國皇帝陵の起源と變遷》，〔日〕東京：學生社，1981 年，陵寢制度變遷表，頁 96。

因為在殿內陳設了皇帝的「衣冠几杖象生之具」，蓋取「古寢」之意。在寢殿內「宮人隨鼓漏，理被枕，具盥水，陳嚴（即莊具，避漢明帝諱而改）具」〔註22〕，事死如事生。

根據《續漢書・禮儀志下》注引〈漢舊儀〉和同書注引《皇覽》的記述，漢陵之制大制是：塋域（陵周）方 7 頃（約 133000 平方公尺）；方中（墳基）1 頃（約 19000 平方公尺），墳高 12 丈（約 27.6 公尺），明中（玄宮、墓室）深 13 丈（約 29.9 公尺），高 1 丈 7 尺（約 3.9 公尺），四周 2 丈（墓室長寬各 4.6 公尺）。四條墓道正對陵垣四門。陵上有寢殿，陵旁有廟，陵側有別殿。陵為園四周圍繞牆垣，每垣正中各一門（門側二土闕）。陵園內的空地賜給後宮貴幸及功臣作陪葬墓。根據考古勘察，證實墳丘、陵園的大小與文獻記載基本符合（特別是陽陵、渭陵）〔註23〕。

但文獻與實地勘察也有部分不符。例如：陵頂高亢窄小，似不可能設置陵寢，也未見建築痕跡；墳丘與陵垣之間只有一百多公尺的距離，設置宗廟、便殿恐怕也容納不下。經勘察證明，皇后及其他陪葬墓絕大多數在陵東，又各自有寢園；帝陵的寢殿、宗廟、便殿可能設在園外附近。

武、昭、宣三帝陵園的奉陵宮人竟達數百人之多，此在墳丘四周的垣牆之內不可能容納。（最大的漢武帝茂陵墳丘底部東西長 331 公尺，南北長 234 公尺），應均於牆垣外設立。後來的如明十三陵神宮監、明昌平縣城池（城池為守衛明陵而建，漢茂陵守陵衛士有五千人）〔註24〕，遼代皇陵的奉陵邑蓋均淵源於此。

東漢十二陵，除獻帝禪陵遠在河南省焦作市修武縣，其他十一陵都在洛陽附近。《古今注》逕稱東漢諸陵為「山」或「山陵」，對諸陵的墳丘高廣、陵園範圍，都有明確記載。其中安帝恭陵高 15 丈，和帝慎陵山方 380 步，明帝顯節陵隄封田 74 頃 5 畝，是東漢諸陵中最大的建制。陵園「周垣四出司馬門，寢殿、鐘皆在周垣內」。東漢皇帝的這種陵園制度對後世影響很大，尤其特別值得注意的是陵前建石殿，唐宋以後的享（獻）殿或祾恩殿，皆源於此〔註25〕。

〔註22〕西晉・司馬彪：《續漢書・祭祀志》，下。
〔註23〕黃展岳：〈說墳〉，《文物》，1981 年第 2 期，頁 91。
〔註24〕謝敏聰：《中國歷代帝王陵寢考略》，台北：正中書局，1979 年，增訂二版，第 20 章、明朝陵寢，頁 167。
〔註25〕劉敦楨：〈大壯室筆記〉，《中國營造學社彙刊》，第 3 卷第 4 期，1932 年，頁 111。

然而漢陵之遭掘，使曹魏主張薄葬〔註26〕，所謂「封樹之制，非上古也。」「壽陵因山為體，無為封樹，無立寢殿、造園邑、通神道。」以使「易代之後不知其處」〔註27〕。

另外，佛教盛行的魏晉南北朝時代也扭轉了人死後還可繼續享受生前的生活的想法，建立起佛教的世界觀，一反「厚葬」之風，就算皇帝的陵寢也簡化起來。如信佛的漢明帝，死後就只建築一座「佛塔」便算了，（這種佛塔亦影響到後來的北魏與西夏諸陵。）此後的幾個世紀就較少有規模巨大的皇陵出現〔註28〕。

曹魏陵寢如魏武帝曹操葬高陵，在鄴城之西原上。即今安陽市北側的安豐鄉西高穴村，魏文帝曹丕葬首陽陵，在今洛陽市偃師市首陽山上。都依山為陵，不封不樹，不建陵寢，不設園邑神道，地面上不留任何痕跡，這對秦漢以來的厚葬之風，是一次很大的轉變，也影響到西晉的陵制。

六、東晉、南朝陵寢特點

根據考古資料可以看出，東晉、南朝的陵園制度，有以下的幾個特點：

一、依山為陵。先在山上開長坑建墓室、墓道，然後填土夯平，一般都有墳丘，如丹陽胡橋南齊永安或泰安陵墳丘，是正方形（28×30 公尺），現尚高出地面 8 公尺；南京西善橋油坊村陳宣帝顯寧陵墳丘，高約 10 公尺，周圍約 140 餘公尺。

二、墓室皆為單室，室外四周建多條擗土牆，室前建甬道，甬道內設兩座重石門。自墓室底向外以磚砌建排水溝，這是南方陵墓的特殊設備。

三、陵前闢有很長的神道，順山勢直抵平崗。神道兩側立石獸、石柱、石碑等。陵前石刻保存最完整的是丹陽梁文帝蕭順之建陵，有石獸、石柱、石碑等四對石刻。南京甘家巷蕭秀墓前也是四對石刻有的在神道上設水池，如丹陽胡橋南齊永安或泰安陵、丹陽建山南齊蕭寶卷墓或恭安陵，後者從墓室前 600 公尺處的長方形水池，到 800 公尺處的石獸，都排列在一條軸線上，這種安排應與風水地理之說有關。

四、陵園的方向沒有一定的規律，而視當地山水的形勢而定。在陵園地理位置的選擇上，顯然是受了相墓術的影響。晉明帝自己就會占冢宅，並曾親自

〔註26〕 《三國志・武帝紀》。
〔註27〕 《三國志・文帝紀》，詔曰。
〔註28〕 李允鉌：《華夏意匠》，台北：龍田出版社重印，1982 年，陵堂與墓室，頁368。

去看過郭璞所選的墓地。梁昭明太子蕭統也因聽信相墓者之說，在處理他母親的墓地問題，得罪其父梁武帝，最後憂懼而死。可見相墓與風水地理之說，不僅在民間流行，上至天子之陵園，亦不可免俗〔註29〕。

七、北朝陵寢概況

北朝陵墓經考古發掘的有山西大同方山北魏文明太后馮氏的永固陵。永固陵的墳丘是正方形（117×124 公尺），現高約 23 公尺。墓室在墳丘之下，分前後兩室，其間有甬道，甬道內設兩重石門，全長 20 餘公尺。這種雙室墓或是當時的天子之制。孝文帝遷洛陽以後，很多北魏皇族諸王的墓葬都是單室，尚未見有雙室者。

永固陵的陵園佈置也很有特色。永固陵座北向南，在它後面約 800 公尺處建萬年堂，這是孝文帝的「虛宮」，也是雙室墓，墓丘亦小於永固陵。在永固陵前方 600 公尺處為永固堂，原是一座很華麗的石殿，現存　長方形基址，有柱礎、龜趺等殘跡。在永固堂南 200 公尺處有帶迴廊的塔院遺迹，塔基方形（40×30 公尺），迴廊基寬約 10 公尺。這就是《水經注》上所記載的「思遠靈圖」。永固陵的佈置，一方面繼承了東漢以來陵園的舊傳統，突出了陵前的石殿，刻畫孝子忠臣的故事。另一方面又表現了它特有的內容，即在陵園之中佈置了佛寺。這種墓寺結合的做法，很可能是出於馮氏的本意。這反映了北魏在文成帝恢復佛教以後，到孝文帝太和初年，佛教又在北魏統治集團中盛行。宗教的影響逐漸滲入到陵墓制度中來，正是魏晉南北朝時期的一個特點。到北朝晚期，祈佛之風，愈演愈烈，西魏文帝乙弗后竟在秦州「鑿麥積崖為龕而葬」，即在石窟寺的佛窟之後修建墓室，如麥積山地 43 窟即是一例。北齊高祖高歡死後，也曾秘密的葬於磁州鼓山智力寺的「天宮之傍」，即開鑿墓室於佛窟中心柱頂部，邯鄲北響堂第 6 窟就是這種形式〔註30〕《資治通鑑》如是記載，後來改葬於磁縣大塚營村即今調查編為「北朝陵墓群一號墓」的義平陵。

孝文帝遷都洛陽以後，選擇瀍河以西為陵園之所在。孝文帝長陵在今孟津縣官莊村，文昭皇后高氏陵在其西北，兩個墳丘前後相望。高氏原葬長陵

〔註29〕 徐蘋芳：〈中國秦漢魏晉南北朝時代的陵園和塋域〉，《考古》，1981 年，第 6 期，頁 524。

〔註30〕 徐蘋芳：〈中國秦漢魏晉南北朝時代的陵園和塋域〉，《考古》，1981 年，第 6 期，頁 524。

東南瀍河以東的終寧陵，神龜二年（519）遷此。在瀍河以西長陵的右前方
為宣武帝景陵。因此，在瀍河以西就成了北魏帝陵之域。而其他北魏墓葬則
皆在瀍河以東。瀍東距長陵最近的墓區，是位於長陵左前方被稱作「龍崗」
的高地，在這裡埋葬孝文帝的近支皇族。其次在「龍崗」高地坡下，為妃嬪
葬地。在瀍河以東長陵左側的外圍，則是「九姓帝族」、「勳舊八姓」和內入
的「餘部諸姓」，以及其他降臣的墓地。北魏洛陽北邙陵墓區的佈局，保留
著原始氏族族葬的遺風，與漢代以來帝陵的陪陵制度有所區別〔註31〕。

八、唐陵威容

唐代皇陵又恢復規模巨大的形制，相信和中央集權，天下富足有關。唐
陵創造出自己特殊的形制，有所謂「上宮下宮」之分，上宮為陵寢墓室，下
宮為距陵10里之地而設的「齋室」，作為遙祭之處。這兩部分用「神道」連
接起來，兩旁分列望柱、石人、石獸等「石像生」，將陵的規模在平面上更大
地展開。秦始皇的「驪山」是方形的「金字塔」，邊長約2000呎，高達200
多呎，強調了「陵」的體量雄偉；唐陵就反其道而在平面上延展，不再像漢
代那樣要活人來守陵，而將功臣們其集葬在一起，使功臣們生前死後都得長
伴君王。「陵邑」變成了一個完全是死人們構成的「城市」〔註32〕。

唐代陵寢形制導源於北魏，但是直接承襲則多自東魏、北齊。另「因山治
陵」也承繼了南朝的制度。因國勢強盛，陵寢之規模也較南北朝時期為大。漢
末已無厚葬，到盛唐時，厚葬之制又興。其大都倚山治陵，當時長安附近及渭
水北岸的沿岸，漢陵已滿，終南山（位於西安南邊）為石山，開鑿困難，因此
唐陵均建於北阜（渭河北岸諸山）〔註33〕。西起乾縣的梁山，東到蒲城縣的金
粟山，亙六縣90里。迄今仍然雄偉屹立〔註34〕。

唐18陵的構築分「積土為陵」和「依山為陵」兩種形式。高祖獻陵、敬
宗莊陵、武宗端陵、僖宗靖陵墳丘用夯土築成，呈覆斗形，屬前一種構築形
式。其他14陵，利用山勢開鑿墓室，不築墳丘，屬後一種構築形式〔註35〕。

〔註31〕徐蘋芳：〈中國秦漢魏晉南北朝時代的陵園和塋域〉，《考古》，1981年，第6
　　　　期，頁524。
〔註32〕李允鉌：《華夏意匠》，台北：龍田出版社重印，1982年，陵堂與墓室，頁368。
〔註33〕謝敏聰：《追懷漢唐話陵寢》，台北：《時報雜誌》84期，1981年，頁36～37。
〔註34〕謝敏聰：《考古大震撼》，台北：梵谷圖書公司，1982年，頁101～102。
〔註35〕黃展岳：〈西安、洛陽漢唐陵墓的調查與發掘〉，《考古》，1981年第6期，頁535。

從乾陵開始，唐陵陵園的平面佈局是模仿長安城的建制設計的，而墓室的平面佈局則是模仿皇帝內宮的建制設計的〔註36〕。

唐陵尚未發掘，但從陪葬乾陵的懿德太子墓和永泰公主墓，是按「號墓為陵」的制度構築的。這兩座墓，不論在陵園部署方面，墓室構築方面，甚至在壁畫上所表現的門列戟制度、儀仗出行制度、六尚宮官制等方面都是與一般陪葬墓不同，而與文獻記載中的宮廷制度相吻合。懿德太子墓使用哀冊，而不同墓誌，更是與眾不同。由此看來，這兩座墓的建制應與帝陵相仿。帝陵「玄宮」的構築情況，似乎可以從這裡看出。

通過對唐陵的重點勘察和懿德太子墓、永泰公主墓的發掘，可以進一步證實：墓室是模仿皇帝內宮的建制，舉懿德太子墓為例——懿德太子墓由斜坡墓道、六個過洞、七個天井、八個小龕、前甬道、後甬道、前墓室、後墓室八個部分所組成。在墓道後半部兩壁至第一過洞的前壁上，繪有一組城牆、闕樓、宮城、門樓相屬的高大建築群，城內又繪有各類騎儀仗出行的場面。寓意當即如圖所示。第一天井、第二天井的兩壁上繪有大型列戟和儀仗場面。每壁列戟 12 杆（第一天井右壁誤作 13 杆），四壁共列戟 48 杆。列戟數正與《新唐書·百官志》所載「天子宮、殿門列戟二十有四」相符。可見第一天井的 24 杆戟是模擬宮門外的列戟，第二天井的 24 杆戟是模擬殿門外的列戟。第一過洞就相當於宮城門，第二過洞相當於宮門，第三過洞相當於殿門。前墓室象徵前朝，後墓室是象徵後寢。前後甬道和前後墓室壁上的侍女圖像和侍女手中所持的器物，與《唐六典·宮官》所記的六尚宮官制度基本符合，也說明這是按照天子六尚宮官繪製的〔註37〕。

九、五代陵風格

五代南唐二陵為保存得相當完整的兩座帝陵，從它們可以看出唐宋間的過渡時期帝王陵墓制度的大概，也可看出當時建築藝術的風格，因此，對它們具有的特點加以說明：

（1）二陵都是因山治陵：這承襲了唐代的陵制，倚山為陵的方法，比平地造墓的方法要節省些，造的墓要堅固些。

〔註36〕黃展岳：〈西安、洛陽漢唐陵墓的調查與發掘〉，《考古》，1981 年第 6 期，頁 536。

〔註37〕黃展岳：〈西安、洛陽漢唐陵墓的調查與發掘〉，《考古》，1981 年第 6 期，頁 536。

（2）自秦漢以來，皇帝陵墓上的封土，多作方形層台狀，如漢武帝茂陵，唐代和北宋還是如此。二陵雖仿唐代制度，但封土呈圓形。這大概是由於地理環境和經濟條件所限制的緣故。因為在陝西、河南的平原上，用土築成方形層台，是比較容易的。而二陵位於山坡上，要將封土作成方形，必須將周圍大片地完全用土填平，這樣費工很多。不用此法，只在造成的墓室頂上和周圍加土填築，則自然呈圓形了。

（3）二陵建造的材料，都是磚石並用。這種例子，在漢墓中就有過。李昇陵用石材多，而李璟陵用石材少，這正可反映當時經濟由盛而衰的情形。

（4）二陵後室皆有石製棺床，棺床始於漢及魏晉南北朝，而盛行於唐代，五代沿襲〔註38〕。

十、宋陵建制

北宋的帝后陵墓，基本上是繼承唐代的制度，但是規模小得多。從宋太祖的父親趙弘殷（追諡宣祖）的永安陵起，至哲宗的永泰陵止，共計 8 陵，集中於河南省鞏義市境內洛河南岸的台地上。這些陵在相距不過 10 公里左右的範圍內，形成一個相當大的陵區，但都是同一樣式的。這與漢唐有顯著不同之處。自此以後，南宋、明、清等朝代設置集中的陵區，實肇始於此。

諸陵以帝陵為主體，其西北部有祔葬的后陵。陵本身稱為上宮；另在上宮的北偏西建有下宮，作為供奉帝后遺容、遺物和守陵祭祀之用。陵體（即上宮）為三階的截頂方錐形夯土台（按：后陵則有二層土台），四周繞以平面正方形的神牆，各面正中開神門，門外各設石獅一對，在南神門外，排列成對的石像生，象徵大朝會的儀仗，有：宮女、文武官、外國使臣、仗馬、角端、瑞禽、象以即相傳為能怯邪的羊、虎等；最南為望柱。望柱南有闕台，稱為乳台。沿著軸線越空地一段又有鵲台，為上宮的南端入口。上述神牆覆瓦，神門、乳台、鵲台則為夯土台，以磚包砌，據記載，其上建有木構建築。這些形制大體沿襲唐陵的制度。但不同的是：（1）唐朝諸陵的尺度與石像生的數目和種類差很大，宋陵則比較整齊劃一，形制基本一致，尺度及石像生的數目，諸陵也出入不多。（2）宋陵規模較唐陵小。這是因為宋朝的帝后生前不營建陵墓，而按禮制規定，在死後七個月內即須下葬，因而從選擇陵址，採石運料，到建造陵墓，時間短促，陵的規模就受到限制。

〔註38〕《南唐二陵發掘報告》，北京：文物出版社，1953 年。

　　宋陵的另一特點，是明顯地根據風水觀念來選擇地形。宋代盛行「五音姓利」的說法，國姓——趙所屬為「角」音，必須「東南地穹、西北地垂」，因此各陵地形東南高而西北低。由鵲台至乳台、上宮，愈北地勢愈低，一反中國古代建築基址逐漸增高而將主體置於最崇高位置的傳統方法。諸陵的朝向都向南而微有偏度，以崇山少室山為屏障，其前的兩個次峰為門闕。

　　諸陵之中可以仁宗永昭陵為代表。由鵲台至北神門，南北軸線長 551 公尺，神牆面長 242 公尺，陵台底方 56 公尺，高 13 公尺。北有祔葬后陵一處。該陵木構建築均已不存，墓室未經發掘，情況不詳，惟石像生大致完整。這些石像生在雕刻手法上雖受到唐朝陵墓石刻藝術的影響，而無其活潑遒勁，但不失為謹嚴之作。

　　據記載，各陵神道兩側柏樹成行，陵區四周密植柏林，陵台上也植柏樹，茂密而整齊。形成一片蕭穆寧靜的氣氛。本來漢、唐陵墓皆種柏樹，北宋至明清則種植松柏，是一項傳統悠久而又合於陵墓要求的綠化手法，而北宋諸陵密集相連，使這一氣氛更為突出〔註 39〕。

　　南宋諸帝死後，為了日後歸葬中原，僅在紹興營建臨時性質的陵墓，雖有上、下宮（根據南宋‧周必大《思陵錄》上宮主要為櫺星門、殿門、獻殿；下宮主要建物為櫺星門、殿門、前殿、後殿，必附設有神廚、神遊亭、庫室、更衣亭），但無石像生，且將棺槨藏於上宮獻殿後部的龜頭屋內，以石條封閉，稱為「攢宮」。這種權宜方式，把北宋時分離的上下宮串聯在同一軸線上。後來明、清陵墓的祾（隆）恩殿（相當下宮）和明樓寶頂（相當上宮）納於同一組群內，即因此演變而成。而明陵的石像生制度也受到北宋陵的影響。所以，宋代陵制是中國古代陵墓制度的一個轉折點〔註 40〕。

十一、遼、金、西夏、元陵概況

　　遼是相當漢化的國家，不過仍保存有契丹風俗，遼陵內壁畫上官吏的服飾有很濃的漢裝色彩，而捺鉢生活的壁畫卻也反映契丹的遊牧漁獵的風俗。

　　金較遼更漢化，很可惜金朝陵寢遺址幾無殘蹟，而史書又記載不詳，無法

〔註 39〕劉敦楨：《中國古代建築史》，第 6 章、宋遼金時期的建築，第 5 節、陵墓，頁 224、228 及 229。

〔註 40〕劉敦楨：《中國古代建築史》，第 6 章、宋遼金時期的建築，第 5 節、陵墓，頁 229。

多述〔註41〕。

　　西夏陵寢的基本格局近似唐、宋皇陵形制，但墓室上無地面封土，並在稍偏右後方建佛塔，則是唐、宋陵墓所未見的。墓上建塔源於印度的佛教禮儀，因此北朝及西夏崇奉佛教的少數民族統治者陵墓建塔的淵源是清楚的，顯然不是承襲秦漢以前墓上享堂的傳統〔註42〕。

　　到了元朝卻不用中原陵寢制度，而依照蒙古的風俗，不興築墳丘，將墓地隱藏起來〔註43〕。

十二、明陵體制

　　明清時代將「陵墓建築」的發展推往一個很高的「建築技術和藝術」水準。而明清時代之所以能大建陵群，原因之一是繼承漢唐的傳統，而當時的國力是可以承擔這種鉅大的耗費，此外，在建築材料和建築技術上有了新的進步，加上群體智慧的設計規劃，因而產生新的創造性的表現。〔註44〕

　　明以後的諸帝陵，地上的建築物大都保存。南京明孝陵的規制，對其後的明代諸陵與清代帝陵的興建，有著深刻的影響。明孝陵在累積歷代的制度後，加以改革創新。按前朝制度，前有神道，後有陵寢，封土起墳的陵墓佈局。但是對神道及陵寢的具體安排與做法來說，明孝陵對前朝體制是有更改的。

　　一、神道部分（從下馬坊到櫺星門）不取統一的南北中軸線，完全依山勢作迴轉曲折的佈置，這在陵墓建築中是前所未有的。

　　神道石刻部分依其方向的轉折變易，大體可以劃分為五個段落，在每一段落間都佈置了石雕像來控制其空間設計，石獸或蹲或立，姿態交錯，配以蒼山遠樹，形成一種莊嚴肅穆的氣氛。

　　二、石望柱的位置和唐宋以來諸陵不同，不列於石獸之前，而置於石獸與石人之間，也是特例，其含義還不甚清楚。

　　三、在寶頂之前建方城和明樓，與迎敵的麗譙一樣，雄偉高聳，可以極目遠望，也是孝陵的創新。

〔註41〕〔日〕常盤大定、關野貞：《中國文化史蹟》，東京：法藏館，1939年。
〔註42〕間引自楊鴻勛：〈戰國中山王陵及兆域圖研究〉，《考古學報》，1980年第1期；黃展岳：〈西安、洛陽漢唐陵墓的調查與發掘〉，《考古》，1981年第6期。
〔註43〕清・孫承澤撰、王劍英點校：《春明夢餘錄》，北京：古籍出版社，1992年，卷70，陵園。
〔註44〕李允鉌：《華夏意匠》，台北：龍田出版社重印，1982年，陵堂與墓室，頁369。

四、另孝陵也廢去了方上、靈台、方垣、上下宮的制度，新創了方城、明樓和享殿等建築，改方墳為圓丘，形成了自己的風格。

方上的做法，自（傳）周文王陵到漢元帝渭陵，歷經一千一百多年，逐漸發展起來的。就是在地面上作方形封堆，並逐層收分夯實，最後成為覆斗狀墳堆的一種作法，這是沿襲六朝以來南方帝王所採用的圓墳。〔註45〕

設上、下宮自唐太宗營昭陵起，一直相沿到南宋都沒有變化。而靈台、方垣、上下宮的制度，集中表現於宋太宗的永熙陵。神道以北是上宮，為陵墓主體，平面作正方形，周邊圍以神牆，上宮中央為靈台，乃一方錐形的大夯土台。唐宋制度的下宮，包括欞星門、殿門、神廚等。上下宮備有日常生活用品及祭陵物品，由守陵人使用。

明孝陵完整的制度是：

南京明孝陵依大金門、碑亭、石獸、石柱、文武臣像（翁仲）、欞星門、祾恩門、祾恩殿、明樓、寶頂（封丘）等順序。惟太平天國之役明孝陵木造部分遭到燬壞。

這座精心構築的孝陵成為了明清兩代皇陵的「先驅」，其後紛紛效法，形成一個特殊的皇陵建築體系。中國皇陵建築的高潮就是構成一個巨大「陵群」的「明十三陵」〔註46〕。

明成祖定都北京後，在北京以北的昌平封了一個山用來經營一個按總體規畫來建造的「皇陵區」，這座山就稱為「天壽山」，將明代的13個皇帝都營葬在這裡。這組巨大的陵群是以成祖的長陵為中心，形成為一條十分強烈的中軸線。

十三陵之神道，其最南端為石牌坊，五間六柱十一樓，嘉靖十九年（1540）建。次為大紅門，磚砌三洞，單檐九脊頂，建造年代待考，次為碑亭及四華表，再次為二石柱、石人石獸三十六軀，均宣德十年（1453）建。自石柱至最北石人一對，全長幾達800公尺，兩側巨像每44公尺餘一對，對立。氣勢宏偉莊嚴，無與倫比。此為欞星門，俗稱龍鳳門，門三間並列，再北乃達陵門。

十三陵之中，以長陵為最大。陵以永樂七年興工，十三年（1415）完成。長陵可分為二部：寶頂及其前之殿堂。殿堂四面以繚牆，在中線上，由外而內

〔註45〕《明孝陵》，北京：文物出版社，1981年，頁5。
〔註46〕李允鉌：《華夏意匠》，台北：龍田出版社重印，1982年，陵堂與墓室，頁368。

為：陵門、祾恩門、祾恩殿（陵祭感恩）、內紅門、牌坊、石五供、方城、明樓、寶頂〔註47〕。

長陵有三進的中庭。第一進的中庭為：陵門、碑亭、神府、神庫。第二進的中庭為：殿門（祾恩門）、享殿（祾恩殿）、東西廡配殿、神帛爐（琉璃製）。第三進中庭為內紅門、石牌坊、石台五供、方城（下）明樓（上）、寶頂。

陵門為三道磚券門，單檐九脊頂。門外，明時左有宰牲亭，右為具服殿五間，今已不存。門內中為御道，東側為磚亭，為重檐九脊頂，有巨碑；亭東昔有神廚，御道西有神庫，今全燬。祾恩門五間，單檐九脊頂，立於白石階基上。中三間闢門，階基前後各為踏道三道。門內廣場御道兩側有琉璃製焚帛爐各一。東、西面原有東、西廡配殿十五間，久毀無存。

祾恩門北為祾恩殿，巍巍然立於三層白石階上。其北為內紅門三洞，門內復另為一院，院北高聳著方城明樓。方城為正方形之磚臺，其下為圓券甬路，內設階梯以達明樓。甬道北端置琉璃照壁，壁後即下通地宮之通道入口。明樓形制如碑亭，重檐九脊頂，樓身磚砌，貫以十字穹窿，中樹豐碑曰「成祖文皇帝之陵」。樓後土阜隆起為寶頂，周以磚壁，上砌安墙，為寶城〔註48〕。

地宮結構，由於神宗定陵之發掘，可以看出其究竟：由金剛牆進入地下宮殿，地宮是石造的，由前、中、後三個大室組成。中室左、右又有大的側室，中室安放皇帝與兩個皇后的白玉石製的寶座。寶座前面放著青瓷器，青瓷器上放著永不熄滅的長明燈，但發掘時火已熄。後室放著三個棺材，棺的四周放有20多口收藏殉葬品用的朱漆木箱。

明十三陵這一個「陵群」不但是世界上最大規模的陵墓建築，他的延展深遠，規模壯麗的構圖更為舉世的城市規畫家所注視的。艾蒙德‧培根（Edmund N. Bacon）在他的《城市的設計》（Design of Cities）一書中就說：「建築上最宏偉的關乎「動」（movement）的例子就是北京北部明代皇帝的陵墓。在林中（？）穿越的長長通道（神道），以有節奏的距離的拱門、石像和石獸等石刻表現出來，他們面對著通道而排列。頂點（climax）就是位於山脈中心的一座有脊稜（groin-vaulted）屋頂的門樓，在山腳下有 13 座大殿，

〔註47〕 Ann Paludan: *"The Imperial Ming Tombs"* Ch'ang-ling p.p57-70, Yale University press, 1981.
〔註48〕 謝敏聰：〈聞名中外的十三陵〉，台北：《時報雜誌》，71 期，頁38～41。

後面就是 13 座皇帝的墳墓。它們的氣勢多麼壯麗，整個山谷之內的體積都利用來作為紀念已死去的君王。」〔註49〕。

李約瑟（Joseph Needham）對中國的皇陵頗多讚嘆，他說：「皇陵在中國建築形制上是一個重大的成就，假如我們深入一些論及同類的題目，這並不是故意特別重視帝皇體系來說話，而是因為它整個圖案的內容，也許就是整個建築部分與風景建築相結合的最偉大的例子。在東北的瀋陽，清代早期陵廟今日仍然保存的很好，而最大的傑作肯定還是北京北部的陵墓組合——『明十三陵』」。在詳加描述十三陵的佈局之後，他說出了自己的體會：「在門樓上可以欣賞到整個山谷的景色，在有機的平面上深思其莊嚴的景象，其間所有的建築物都和風景融匯在一起，一種民族的智慧由設計師和工匠們的技巧很美好的表達出來。」〔註50〕。

十三、清陵守成

清代陵墓的制度，大體沿襲明陵舊規，但也略有創新。寶頂除平面作圓形外，尚有兩側作平形直線，兩端作半圓形者。其在寶頂與方城之間，另設半月形天井，謂之「月牙城」，始於明穆宗昭陵。至如瀋陽太祖福陵、太宗昭陵，陵垣高厚如城垣，上施垛堞，建角樓，尤為罕見的特例。故清陵雖遵守明陵舊規，但局部上則頗多出入。至於地宮結構，福、昭二陵未經發掘，又無文獻可徵，實難求究竟。

昭陵佈置，頗為奇特，其可注意的地方有下列諸點：

一、陵地全部繞以圍牆，併隆業山及神道亦在牆內。

二、內牆作城牆並施垛堞，建城樓角樓。

三、月牙城之制，為始於明代明穆宗昭陵。

四、其神道兩側石獸自南而北，每對間之距離遞減，其東西朝房佈置也是一樣，故東側者西向微偏南，西側者東向微偏南，成為不明顯之八字形。此或因神道矩促，故藉此以增進透視感覺，以予人以深長之幻象。

東、西二陵，為入關以後所營造，規模較關外諸陵宏大。其可注意的地方有兩點：

〔註49〕 Edmund N. Bacon: "*Design of Cities*", Thames and Hudson, London. 1974 Revsied edition. P.20.
〔註50〕 Joseph Needham: "*Science & Civilization in China*" Cambridge University Press Vol IV:3 P.143.

一、平面配置「歷代山陵之制，唐陵因山為墳，漢與北宋均採用方形之墳，故其時有「方上」之稱。自明太祖孝陵改方為圓。復並唐宋上、下二宮為祾恩門，祾恩殿，於是陵之平面配置，為之一變，已如前述，清關內諸陵配列之法，就大體而言，踏襲明陵舊規。然諸陵寶頂，平面除圓形一種外，復有兩側用平行直線，至前後兩端，連以半圓形，與寶城方城之間，增設月牙城，均非明代所有。此外，瀋陽福陵、昭陵，於陵垣上施垜堞，建角樓。

二、地宮結構，歷代地宮結構，史籍略而不言，其片言隻字，散見羣書，又無圖書參證，無由窮其究竟。惟清代宮闕、陵寢，自康熙中葉以來，由樣式房雷氏一族承繪圖樣。辛亥革命後，其家藏圖稿，售於國立北平圖書館，及中法大學。內有陵寢地宮平面剖面諸圖，標註尺寸，材料大體完備，而中國營造學社所藏惠陵工程全案與崇陵妃園寢工程做法冊，及故宮文獻館所藏崇陵施工相片多種，皆極重要之史料。

景（康熙）陵、裕（乾隆）陵、泰（雍正）陵、定東（慈禧）陵地宮，相繼掘開。茲以裕陵為例，說明地宮內況：

裕陵地宮深 54 公尺，面積 327 平方公尺，由四個石門及三室組成，第一石門有四天王坐像，各自持琵琶、寶劍，相當寫實，清室崇佛，因此地宮為佛教藝術品之寶庫。

諸帝之陵，類生前已卜吉地，開始營造，泰、昌諸陵率皆如此。惟履霜末世，海內多故，營墓之舉或未遑及，如崇陵（德宗）地點，即德宗崩後始擇定。宣統元年（1908）興工，民國 4 年始成，蓋清宮陵寢工程之最近者也。

綜觀清陵循明舊制，其佈置雖大致相同，然亦頗多變化，尤以方城寶城部分為甚。其寶城平面，自半圓形（昭陵）、圓形（泰陵），以至短長圓形（景陵、昌〔嘉慶〕陵），以至狹長圓形（孝〔順治〕陵、惠〔同治〕陵、崇陵）均有。月牙城雖成一主要特徵，然亦有例外，如泰東陵、定東陵，均無月牙城。慕〔道光〕陵簡陋，僅作寶頂，而無寶城、方城、明樓。定東陵（慈安、慈禧）后陵左右並列，自下馬碑，碑亭以至寶城、寶頂，莫不完備；隔壁相襯，視慕東陵之后妃 17 寶頂，侷促共處一地，其儉侈懸殊相差太多。至於陵之前部，自隆恩門及其外朝房，守護班房，隆恩殿及其配殿，以至琉璃花門，則較少有不同〔註51〕。

〔註51〕劉敦楨：《中國古代建築史》，第 6 章、宋遼金時期的建築，第 5 節、陵墓，頁232 至 233。

十四、小　結

中國皇陵制度綿延幾千年，自簡單而趨繁複。歷代帝王陵寢不但是中國傳統建築重要的一部分，由陵的規模也可以反映當時的國力、生活的狀況。而史書對於皇陵大都不及備載，考古探勘、發掘資料這又成為除了史書以外的一項重要史料來源。〔註52〕

圖　版

天子陵考古發掘的極少，中國文物局對陵寢的政策是不主動開挖，因為挖出來以後的文物，以目前的技術而言，無法作有效的保護，目前挖掘的天子陵多為被盜後做搶救性的發掘。

天子陵為諸侯（王、公、侯）墓之再擴大，西周天子陵迄今尚未發現（岐山周公廟的考古遺址尚未證實為西周天子陵），東周天子陵也僅考古發現之天子駕六博物館，僅就現今欲探討西周、東周天子陵，從諸侯（王、公、侯等國君）墓入門為不可或缺之考古文獻資料。

（一）考古發掘西周虢國國君墓（河南省三門峽市）

三門峽市虢國墓地是中國迄今為止發現的唯一處規模宏大、等級齊全、排列有序、保存完好的西周、春秋時期大型邦國公墓，總面積 32.45 萬平方公尺。從 1956 年發現至今，探明各類遺址 800 餘處，出土文物近 3 萬件。尤其是 1990 年代發掘的虢季、虢仲兩座國君大墓，因出土文物數量多、價值高和墓主人級別高，連續兩年被評為中國 10 大考古新發現。

在西周虢國墓地遺址而建立的專題性博物館——虢國博物館，除展出出土精美文物外，並原狀展出國君虢季、虢季夫人梁姬及太子墓的陪葬車馬坑，由南向北按行軍隊列擺放。〔註53〕

〔註52〕謝敏聰：〈中國對歷代皇陵的勘察與發掘〉，台北：《時報雜誌》，201 期，1983 年，頁 60～62。

〔註53〕王斌主編：《虢國墓地的發現與研究》，北京：社會文獻科學出版社，2000 年。

虢季墓　車馬坑

出土的編鐘（資料照片）

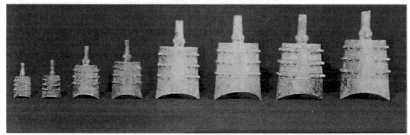

列鼎（資料照片）

（二）晉國三公墓（山西省運城市絳縣）

1. 晉獻公墓

位於山西絳縣南樊槐泉村東嶺。墓高 50 公尺，無祠孤寢，墓形似無柄之木鐸。他是春秋時晉國武公之子，名詭諸，始建都絳（山西絳縣）。獻公初娶

賈氏為妻，無子。繼娶齊姜，生秦穆公夫人及太子申生。後再娶 2 女於戎，生重耳、夷吾。在討伐驪戎的戰爭中獲驪姬，生奚齊。獻公寵愛驪姬，常聽其讒言，先逼死太子申生，又欲加害公子重耳和夷吾，以達到讓奚齊繼位的目的。獻公在位 26 年。獻公歿後，因其生前昏庸無道，暴戾成癖，不列入祭典，以示彰善彈惡。

2. 晉文公墓

在絳縣衛莊下村。文公係春秋諸侯，晉獻公次子，太子申生之弟，名重耳。獻公寵愛驪姬，殺太子申生，重耳逃奔到狄（翟）國，在外流亡 19 年。後借助秦穆公的軍隊返晉復國，誅王子帶，納周襄王，救宋破楚，繼齊桓公為盟主。其在位 9 年，諡號文。晉文公在位之時，國都在絳（今山西絳縣）。死後葬於絳縣衛莊下村西嶺。陵墓依地形而設，高達 30 餘公尺，猶如山丘。據傳原松柏如蓋，墓後嶺頂原建有祠廟，抗戰期間被日軍拆毀，樹木被砍伐一空。現在所看到的景象是蔚然深秀的槐樹遍佈山丘，是 1949 年後補植的。

3. 晉靈公墓

位於絳縣城東 12 公里的磨里鄉南劉家村。靈公生前荒淫無道，朝綱敗壞，民生困苦，大肆殘害勸諫之臣，引起了臣民的反抗，最後被趙盾之弟趙穿殺死，成為後人不齒的昏庸之主。墓前有石碑一通，由於靈公生前十分殘暴，所以死後，歷代不列祀典。〔註54〕

晉獻公墓	晉文公墓

〔註54〕王大奇：〈晉國三公墓〉，收入太原市政協編：《三晉名勝》，太原：山西古籍出版社，1998 年。

晉文公墓碑（明代立）

晉靈公墓

（三）宋公陵（河南商邱）

三陵台，座落在商邱古城西北 9 公里處。因西周宋國宋戴公等三公王陵相峙，故名「三陵台」。

三陵台佔地 770 餘畝，神道兩側白楊古柏參天，碑樓林立，莊嚴而肅穆；陵前有宋氏家祠，諭祭諭葬碑、牌坊等，還有石人、石馬、石羊等栩栩如生的石像生。

多年來，宋氏、戴氏、孔氏等海內外宗親紛紛到三陵台尋根祭祖。〔註 55〕

宋宣公陵

宋戴公陵

〔註 55〕尚起興、尚驥：《商邱史話》，北京：新華出版社，2001 年，頁 37～38。

宋武公陵

（四）越王允常陵

浙江省紹興縣蘭亭鎮裡木柵村西南，有一座形制特殊的山丘，它東西長350公尺，南北覓約300公尺，高26公尺，因其平面略似方形，覆門狀立面高聳似印，故俗稱「印山」。

據著於東漢初期的《越絕書》卷第八記載：「木客大冢者，句踐父允常冢也。初徙琅邪，使樓船卒二千八百伐松柏以為椁，故曰木客。去縣十五里。」1994年春夏之季，紹興縣文物部門遍查古籍文選，數度披荊斬棘上印山實地考察調查，在掌握了較為充分依據的基礎上，確認為印山是一座春秋戰國時期的大型土墩墓，與《越絕書》記載的「木客大冢」非常相似，有十分重要的文物價值。1995年6月10日，紹興縣人民政府以「木客大冢」的名稱公佈印山為紹興縣第二批重點文物保護單位。1996年4月5日，在一次野外調查中發現該墓有新盜掘的跡象。此後，經中國國家文物局批准，浙江省考古所和紹興縣文物保護管理所歷經兩年時間的發掘，一座沉睡於地下2500年的越國王陵，終於重見天日。

以長方形巨木構成的狹長條三角形墓室建築，第一次揭示了不同於各地已經發現的漢代以前廣為流行的矩形木椁的新形制，作為春秋末期越國建築的實例，更為世上罕見；墓室出土青銅器、玉器、石器、漆木器，以及編織物等各類文物40餘件（組），制作規整、雕刻精細，是不可多得的藝術珍品。此外，墓室之豪華、獨木棺之巨大、以及有高超的防腐技術、完整的隍壕設施。〔註56〕

〔註56〕印山越國王陵博物館編：《印山越國王陵》簡介。

印山越國王陵外景

在今浙江紹興市。此陵據信為越王句踐的父親越王允常的陵寢。

印山越國王陵發掘場景（資料照片）

墓坑內的木構墓室由厚1公尺的木炭包裹，長達40公尺。

（五）吳王闔閭陵

闔閭墓在閶門外虎丘劍池。闔閭是春秋晚期（公元前 5 世紀）吳國國君。古籍記載闔閭之葬「銅椁三重，傾水銀為池，黃金珍玉為鳧雁」。為營建闔閭陵墓，徵調十萬民工，使大象運土石，穿土鑿池，積壤為丘，歷時 3 年方成。陵墓在虎丘劍池下，因闔閭愛劍，下葬時以「專諸」、「魚腸」等劍 3000 殉葬。劍池呈長方形，清泉一泓，深可 2 丈，兩崖劃開，峭壁如削，藤蔓披拂，一橋飛架，景色幽深。相傳秦始皇和東吳孫權都曾派人到此鑿石求劍，但均無所得，而鑿處就形成深池，故稱劍池。一說劍池是冶煉寶劍淬火之處。1955 年夏疏濬劍池，先在崖壁上發現刻有明代唐寅、王鏊等人的記事，說正德 6 年（1511 年）冬劍池水涸，見吳王墓門，以土掩之。經發掘，池底北端有石縫，上銳下寬，內有一穴，可容 4、5 人。穴北石壁以大青石板迭砌，為人工所作。此處與春秋戰國洞室墓形制相像，可能即是墓門。〔註 57〕

大吳勝壤虎丘山

在蘇州古城的西北角，號稱「吳中第一名勝」。宋代蘇軾說：「到蘇州不遊虎丘乃憾事也！」塔為後周、宋初所建，因地基下滑向北傾斜 2.3 公尺，成為「斜塔」。

〔註 57〕 中國國家文物局主編：《中國名勝辭典》，上海：辭書出版社，1986 年第 2 版，頁 339～340。

劍 池

（六）田齊王陵

田齊王陵是戰國時期田齊諸王陵墓，陵區內最著名的有二王冢和四王冢，分別位於山東省淄博市臨淄區齊陵鎮鼎足山和牛山東側。墓冢東西排列，封土高大，綿延相連，氣勢雄偉。

二王冢，世傳為姜齊桓公和齊景公墓，或認為是田齊侯剡、田桓公午之墓。二冢東西相連，依山為冢，東西長約 320 公尺，南北寬約 190 公尺，冢存高約 37 公尺。

四王冢，傳為田齊威、宣、湣、襄四代君王之墓，座北朝南，東西排列，長達 0.5 公里，封土高大，方基圓墳，形如山丘，四王冢北，自西向東，除第二冢外，各有小墓一座與主墓南北呼應構成一個氣勢雄偉的王陵墓群。1991 年勘探，發現四王冢周圍有一圈人工挖掘的壕溝及 20 餘座排列有序的陪葬墓。〔註 58〕

1988 年公佈為全國重點文物保護單位。

〔註 58〕《中國文物地圖集・山東分冊》，北京：中國地圖出版社，2007 年，頁 393。

四王冢陪葬墓分佈圖

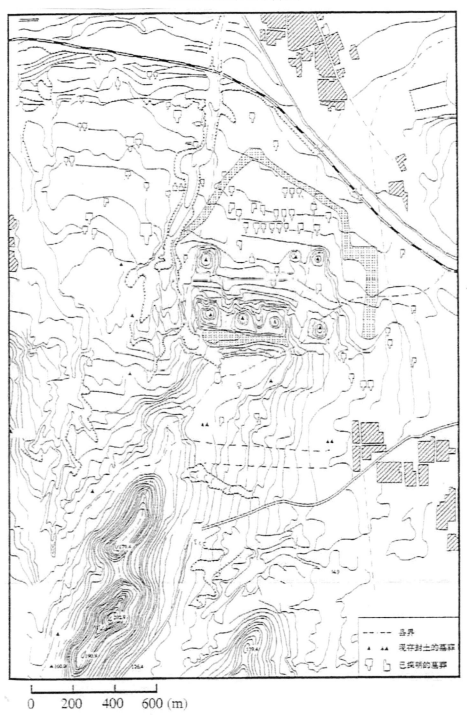

地圖取自《中國文物地圖集‧山東分冊》，頁 393。

四王冢遠景 二王冢遠景

（七）魏王冢

位於今河南省新鄉市衛輝市城西南 12 公里娘娘廟村南約 200 公尺處，從東到西分布著 7 個土冢，其中第 3 號冢是戰國魏安釐王（或稱魏襄王）墓，即《汲冢書》出土遺址，西晉太康二年（281），該墓被汲郡人不準盜發後，殘存竹簡十餘車，75 卷以上，全文古字十餘萬言。晉武帝下令整理這批竹簡。經學者們 20 年的整理、考證，整理出聞名於世的《汲冢書》。《汲冢書》蝌蚪文，紀年 13 篇，記載了夏至魏襄王二十年的史事，是研究中國古代史的寶貴史料。

魏王冢之一 魏王冢之二

魏安釐王墓

魏安釐王墓碑

汲冢書遺址

（八）趙王陵（河北邯鄲）

位於邯鄲市西北的邯鄲縣和永年縣交界處。為戰國時期所建的趙王陵寢。共有 5 座陵台，其中邯鄲縣境內 1~3 號陵台，由西南向東北斜線排列。永年境內為 4~5 號陵台。陵台地處紫山東麓丘陵地帶，以自然山丘為基，周以黃土夯築成覆斗狀，台東築寬大的斜坡狀神道。高大雄偉，氣勢恢宏。1 號陵台位於邯鄲縣三陵鄉陳三陵村北，台面南北長 290 公尺，東西寬 200 公尺，台面東側距地表高約 20 公尺，封土基部南北長 57 公尺，東西寬 47 公尺，高 10 餘公尺。位於台面中央偏南。台東神道寬 60 公尺，長 260 公尺。2 號陵台位於三陵鄉陳三陵村西北約 1.5 公里。台面正中夯築高 1.8 公尺的長方形土台，台上南北並列封土兩座。3 號台位於邯鄲縣工程鄉周窯村東約 800 公尺，4 號陵台位於永年縣溫窯村西北。台面南北長 180 公尺，東西寬 200 公尺。台面中央南北並列底徑約 40 公尺、高約 5 公尺的封土 2 座。5 號陵台

位於溫窰村北 800 公尺。封土位於台面中央，呈覆斗狀，底邊長 48 公尺，高 4 公尺。各陵台附近均有大量磚瓦等建築材料遺存。1978 年發掘 3 號陵台西北側的附葬墓，墓室土坑豎穴，平面「中」字形，連墓道全長達 77 公尺。墓室西側有殉人、殉馬坑。5 座陵台主人尚待考證。趙王陵是研究戰國時期王陵形制的重要實物資料。〔註 59〕

趙王冢之一 　　　　　　　　　趙王冢之二

〔註 59〕中國國家文物局編：《中國歷史文化名城詞典・三編》，上海：辭書出版社，
　　　2000 年，頁 33。

第二章　遠古帝王的陵寢

一、神話傳說的時代

帝　系	陵　地
燧人氏	河南省商邱市睢陽區西南 1.5 公里的宋人莊商拓公路旁？
伏羲氏	（一）河南省周口市淮陽縣城北 3 里蔡河之濱？
	（二）山東省濟寧市魚台縣東北 70 里鳧山南？
神農氏	（一）湖南省株州市酃縣（現改為炎陵縣）西 45 公里康樂鄉（古長沙之茶鄉地）？
	（二）山西省晉城市高平市東北 17 公里神農鎮莊里村？
	（三）陝西省寶雞市南行 5 公里清姜河畔的常羊山？

二、五帝時期

帝　系	姓　名	陵　帝
黃帝有熊氏	公孫軒轅	（一）陝西省延安市黃陵縣橋山。
		（二）河南省三門峽市靈寶市閺鄉縣陽平鎮荊山鑄鼎原？
少昊金天氏	已摯	（一）山東省濟寧市曲阜市（古雲陽）？
		（二）山東省聊城市西北？
顓頊高陽氏	姬顓頊	（一）帝丘（今河南省安陽市滑縣東北）？
		（二）河北省保定市高陽縣？
		（三）山東省聊城市東昌府區？

帝嚳高辛氏	姬夋	（一）帝丘（今河南省安陽市滑縣東北）？
		（二）陝西省渭南市郃陽縣？
		（三）河南省濮陽市清豐縣？
		（四）河南省商邱市睢陽區古城南高辛鎮？
帝摯	姬摯	（一）今地不可考。
帝堯陶唐氏	祁放勳	（一）穀林（山東省荷澤市牡丹區胡集鄉）？
		（二）神林（山西省臨汾市堯都區大陽鎮岳壁村澇河右側）。
帝舜有虞氏	姚重華	（一）山西省運城市鹽湖區北相鎮西曲馬村鳴條崗？
		（二）湖南省永州市寧遠縣九疑山？
		（三）廣西省梧州市東5里大雲山錦雞巖下？

　　夏代（含）以前的陵寢，全部為追念性的建築物，以傳說各氏所以行狀之地，蓋起陵寢以作紀念。燧人氏陵今巍然於河南省商邱市，蓋乃先民為崇德報功，追念火的使用先祖。（按：距今約180萬年前的西侯度遺址，已發現這是中國地區人類用火的最早證據）。最早的火種因雷擊樹木，人類取得火種。早在1萬年前，燧人氏在這裡發明人工取火（鑽木），燧人氏被人們譽為火祖，故商丘主火，燧皇陵至今還矗立載河南省的商邱大地上〔註1〕。

　　燧皇陵始建於何時已不可考。原有大殿、東西廂房、石像生等，古柏參天，鬱鬱蒼蒼。後毀於戰火。1992年又進行了重修。陵前有著名史學家俞偉超先生所題「燧人氏陵」石碑一通。神道有燧人氏石雕像和石人、石馬等石像生。〔註2〕

　　太昊（伏羲）陵，約6500年前，太昊伏羲氏建都於宛丘（今河南省周口市淮陽縣），都城在平糧台（縣城東南4公里）。死後葬於蔡河北岸，即今太昊陵。唐太宗李世民於貞觀四年（630年）禁民芻牧。五代周世宗於顯德元年（954年）頒詔禁臨樵採耕犁。宋太祖於建隆元年（960年），始置守陵戶，並頒詔每三年對太昊陵大祭一次，祭祀規格為最高的「太牢」祭祀，祭器專製特用。

　　明太祖洪武元年（1368年），派官到太昊陵「製文致奠並詔令地方官每年祭祀，每三年必遣使以太牢祭祀。明洪武二年（公元1369年），朱元璋又到太昊陵祭拜，「親灑宸翰，以文為奠」。（見明李維藩《重修太昊陵記》）

〔註1〕尚起興、尚驥著：《商邱史話‧前言》。
〔註2〕尚起興、尚驥著：《商邱史話》，新華出版社，2001年，燧皇陵，頁17～18。

明洪武三年（公元 1370 年），朱元璋頒詔在全國修建 36 處陵廟，太昊陵首列第一。（見《明會要》）

明英宗正統元年（公元 1436 年）知州張志道上奏皇帝，請詔修陵。詔許可，遂率吏民募緣，創建祠宇。第二年，寢殿（統天殿）、戟門（太極門）、門廡以次落成，建內城牆，廣植名木。（見明・楊珇《太昊陵寢殿記》、明・商輅《太昊陵廟重建記》）

明代宗景泰七年（公元 1456 年），知州萬宣、同知秦川李焄，增建後殿（顯仁殿）、御碑亭、鐘樓、鼓樓、齋宿房、鑄祭器，又作三清觀，命道士奚福仁主持，負責香火。（見明・商輅《太昊陵廟重建記》和明・鄭肅《重修太昊陵記》）

自景泰七年在太昊陵興建三清觀後，玉皇觀、女媧觀、天仙觀、岳飛觀、老君觀、元都觀相繼興建，廟事便由道士主持，道士取代了守陵戶。（除三清觀，其它六觀具體年代失考，但都建於明代萬曆以前，有明萬曆進士徐即登及蘇光泰《弔岳武穆廟》詩為證。）

萬曆三年（公元 1575 年）七月至十二月，重修鐘鼓樓、應門（正門，即午朝門。清巡撫張自德《重修太昊陵碑》：「應門前沮洳渀淏，縈迴如衣帶，蔡水也」。）廣徑門（道儀門）、先天門，御史堯卿題寫「先天門」三字。並建東牌坊曰「繼天立極」，西牌坊曰「開物成務」，築紅土外城牆，前後直柏樹數千株。（明・吳國倫《重修太昊羲皇陵廟記》碑。）

至此，陵廟格局大定。太昊伏羲面萬畝湖水，臨蔡水之濱，午朝門宏偉壯觀。左右兩側為石牌坊，左曰「繼天立極」，右曰「開物成務」。次券門曰道儀門，次曰先天門。其內曰戟門（即太極門）。門內兩側有鐘樓、鼓樓。樓北正殿五間，雕牆黃瓦，曰統天殿。後殿規模同前，曰顯仁殿。其後磚砌高台上建有飛閣，下為券門，閣內藏朱元璋御祭碑。門後有陵，陵前樹碑，陰刻「太昊伏羲氏之陵」。陵下築方台，台周砌磚垣，垣南闢三門。左右植蓍草，外植松柏。後殿垣外，左有真武廟，右有三清觀。（注：副使翟師雍曰：陵寢豈宜雜宜廟？清乾隆時便不存）真武廟前有更衣亭五間。亭左右有廂，前有門。亭西有岳忠武祠，俗稱岳飛觀。三清觀前有宰牲房五間，左右有廂房，亦有前門。這些都在內城和外城之間。陵佔地 3 頃 50 畝（古代 1 畝相當於今 2.5 畝），南北 450 步，東西 207 步，北至民人徐通地，東至大路張雨地，西至大路汪珣地。明代太昊陵古建築群可謂蔚為壯觀，規模宏大，

金碧輝煌。〔註3〕

　　另按：太昊伏羲陵：在山東魚台縣東北 70 里鳧山南，其前有廟。按《九域志》：「兗、單皆有伏羲陵。」按《路史》：「陵在山陽。」今曲阜、鄒、滕、嘉祥境內俱有伏羲廟。按清朝遣官祭告伏羲陵，在河南淮寧縣（今淮陽縣），《明統志》載入魚台。

女媧氏陵

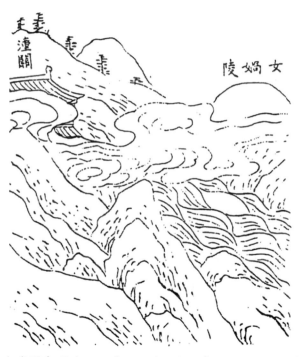

女媧陵在潼關東門外三里黃河北岸，唐天寶初，虢州閿鄉黃河中女媧墓，雨晦冥失所在，至乾元中，夜瀕河人聞有豐雷聲曉，見其墓湧出故，相傳曰風陵堆。或曰女媧墓在山西趙城縣。〔註4〕

　　女媧陵：女媧氏的陵墓。其地相傳有九處：山西、陝西、河南等，均在黃河中。傳說山西風陵渡黃河中有女媧陵。《元和郡縣圖志》：風陵堆在河東縣南 50 里。與潼關相對。《寰宇記》：風陵城即風陵故關，女媧墓秦漢以來均有祭祀。又一說在趙城東南 5 里，高 3 丈。《河南府志》：女媧陵在閿鄉（今靈寶）黃河濱，天寶末消失，乾元初復出，隨名風陵渡，因女媧姓風的

〔註3〕李乃慶編著：《太昊陵》，鄭州：中州古籍出版社，2005 年，頁 113～118。
〔註4〕明・祁光宗：《關中陵墓志》，兩淮鹽政採進本。

緣故。據傳說，女媧墓當在晉秦豫交界的黃河中。〔註5〕

炎帝神農氏陵在湖南酃縣西20里康樂鄉。按《史記·補三皇本紀》：「神農氏葬長沙。」按《路史》：「神農氏蓋宇於沙是為長沙，崩葬常沙茶鄉之尾，是曰茶陵。」（註：《世紀》云：「神農葬茶陵」。）《圖經》云：「茶陵者，所謂山谷生茶茗也，地有陵名者，皆以古帝王之墓，竟陵、零陵、江陵之類，是矣！」按張其昀《中華五千年史》：「神農陵在湖南酃縣西30里之鹿原（古長沙之茶鄉地），由衡陽捨舟登陸，跋涉山谷而後至，陵有石壁為家門，大杉樹下設有祭壇。宋太祖始於此地置祭典，……清雍正十一年，動之國帑，恢廓基址，構造陵廟。」

宋太祖趙匡胤登基後，遍訪天下古帝王陵墓。於乾德五年（公元967年）在茶陵縣南100里處的康樂鄉鹿原坡（即今炎陵縣塘田鄉炎陵山），發現了炎帝陵，並在炎帝陵前修建寺廟，塑肖像祭祀。但因炎陵地僻路險，舟車不便，不利於祭祀活動開展，有人便奏請宋太祖將炎帝陵廟遷至茶陵縣城南，宋太祖詔許。於太平興國五年（公元980年）並欽准於茶陵縣南5里處新建寺廟，以供祭祀。

清雍正十一年（公元1733年），知縣張浚奉命動用國庫，按清政府公佈頒行的古帝王陵殿統一格式重建。前三門平列，中為午門，左右為戟門，門內有單墀；左右廊疊樹歷代告祭碑文。墀上有台，中為御道，兩旁三陛。上為行禮亭，亭上有小丹墀，丹墀上為正殿，中為御道，左右三陛；亭左右各有門。自正殿至午門各九陛，長20餘丈，寬5丈。殿高3丈3尺。周圍垣牆，高1丈許。垣牆右為一總門出入。此次修復，格式佈局新穎。

清道光七年（公元1827年），知縣沈道寬主持重修炎帝殿，並題寫「炎帝神農氏之墓」碑。道光八年，由沈道寬監修《炎陵志》八卷（附卷首、卷末），以記其事。

清道光十七年（公元1837年），進行了歷代最大的一次全面修復。這次修復，由知縣俞昌會募捐集資，照舊制重建，並同時對其它附屬建築也進行了重修或重建。這次修復比雍正十一年重建及道光七年重修又進了一步，規模宏偉壯觀。

主殿：原寬4丈2尺，深3丈8尺，頂高3丈3尺。重建後寬5丈4尺，

〔註5〕屈毓秀、張仁健、林友光主編：《中國遊記散文大系·山西卷·陝西卷》，太原：書海出版社，2002年，頁280～281。

深 4 丈 4 尺，頂高 3 丈 9 尺。

拜亭：原寬 3 丈 6 尺 7 寸，深 1 丈 6 尺。重建後寬 5 丈 4 尺，深 1 丈 8 尺。

午門、戟門：原共寬 6 丈 5 尺，重建後寬 7 丈 3 尺 5 寸。午門原高 1 丈 9 尺，重建後高 2 丈 2 尺。左右戟門原高 1 丈 5 尺，重建後高 1 丈 7 尺 4 寸。

寢門：原寬 8 尺 2 寸，高七尺 2 寸，重建後寬 1 丈，高 9 尺。

左右朝房各三間：原寬 3 丈 1 尺，深 9 尺 4 寸，高 1 丈 8 尺。重建後寬 4 丈 3 尺，深 1 丈 4 尺 8 寸，高 1 丈 9 尺。

左右碑亭：原建築狹小，重建後大小和朝房相等。

左右夾道，各寬 7 尺。並於左右小門處各新建一亭，連接殿檐，以蔽風雨。

御道兩旁階級改砌石條。中間三階白玉御鐫龍，並沿街添設石欄。

圍牆：原長 16 丈 3 尺，高 5 尺 5 寸，重建後長 17 丈 8 尺，高 6 尺。

以上所有建築物，均改覆蓋琉璃瓦件。此次重建後，帝殿規模宏大，蔚為壯觀。

1988 年 10 月新修主體工程部分全面竣工。修復後的炎帝陵，既保持了原來的風貌，佈局又比原來更合理、更完善，結構更嚴謹，更莊嚴肅穆，更宏偉壯觀。

主殿（神農殿）：歇山重檐式建築，金龍和璽彩畫。原寬 5 丈 4 尺，深 4 丈 4 尺，高 3 丈 9 尺。修復後寬為 6 丈 2 尺，深為 4 丈 8 尺，高為 5 丈 8 尺。

行禮亭：廡殿式建築，龍草和璽彩畫。原寬 5 丈 4 尺，深 1 丈 8 尺，高 2 丈 4 尺。修復後寬為 4 丈 2 尺，深 2 丈，高 2 丈 5 尺。

左右碑亭：硬山式建築，旋龍彩畫。原寬 3 丈 1 尺，深 1 丈 5 尺，高 1 丈 9 尺。修復後寬 4 丈 6 尺，深 1 丈 7 尺，高 1 丈 9 尺。

墓碑亭：此建築原來沒有，此次新增。該建築為鑽尖式建築，龍鳳和璽彩畫。寬 1 丈 5 尺，深 1 丈 5 尺，高 2 丈 4 尺。

午門：寬 13 丈 3 尺，高 2 丈 6 尺。

戟門：原高 1 丈 7 尺，修復後為 1 丈 8 尺。

圍牆：原長 17 丈 8 寸，高 6 尺。修復後長為 42 丈，高 6 尺 9 寸。

從炎帝神農墓塚至午門，原長 20 丈。修復後為 31 丈。

主體工程面積 1440 平方公尺，主體陵殿為五進。第一進為午門，左右為

戟門，門內有兩個坍墀；第二進為行禮亭，左右兩廊為碑房；第三進為主殿，有坍墀；第四進為陵碑亭，立炎帝神農氏陵碑；第五進為陵塚。整個建築物主體為清式仿皇宮式建築，古色古香，富有濃厚的古建築特色和民族特色，蔚為壯觀。

在修復主殿主體工程的同時，還修復重建了咏豐台、崇德坊、鹿原亭、天使行台、洗藥池等古建築。1993 年還在龍腦石前山，新修了點火台。1994 年又在石潮進炎帝陵分路口上，建立了由中國國家主席江澤民先生題字的「炎帝陵」牌坊。〔註6〕

三、炎陵十景

（一）味草凝芳

相傳味草亭旁種植木樨數株，開化化香異常，故得此名。今已毀。

（二）石龍鼓鬐

陵前巨石臨江，狀若龍首。淶水奔注噴薄，宛如鼓鬐欲飛。

（三）雲秋雨霽

在炎陵南面。山間雲煙飄渺，慘淡若秋日雨霽，宛如圖畫。

（四）曉閣煙嵐

殿閣右聯蘭，若遠接廓宇，時有煙嵐旋繞其間，若隱若現，乍密乍疏，最供眺玩。

（五）芳州春錦

與炎陵隔淶水相望，寬廣數十畝。春月細草匝地，野花成叢，黃白紛披，紅紫爛漫，宛如錦茵。

（六）禽鹿和音

山間禽鹿隱現無常，閒若寂然無聲。每逢祭祀，飛走和鳴，有笙簧迭奏之音，悅耳動聽。

（七）空樟洞明

陵前江間，大樟亙橫，中空若洞，昔人多携几席觴咏其間。

（八）虬張靈木

鹿原陂古數千本，詭異離奇。陵前一杉，雙幹中分，大十餘圍，不枝不

〔註6〕唐家鈞、張前軒、章楒慧、張前榮、唐旭東編著：《鹿原陂上炎帝陵》，長沙：嶽麓書社，1997 年，歷代炎帝陵建置修墓考，頁 10～14。

葉，若蛟虬凌空之勢，人稱「靈木」。

（九）龍潭魚躍

陵前龍潭水深而清，游鱗百種出沒水中，與水光相上下，臨觀忘倦。

（十）異樹飛香

宋初皇帝遣使致祭時，忽一木葉飛墜，其葉紋理黝色，若鏤繪雲物，滿殿皆香，中藏異像者也，因得名。〔註7〕

四、山西高平發現另一座炎帝陵

〔陳重成·臺北〕據香港·大公報昨日報導，大陸又在位於山西東南高平縣境內的羊頭山廟內發現另一座炎帝陵。報導指出，這是繼湖南之後發現的第二個炎帝陵，在羊頭山廟牆正中央一座高約 1 公尺的石碑上，赫然可見「炎帝陵」三字。碑文記載：「炎帝神農氏陵廟，歷代相傳，載在祀典，其形勢嵯峨，林木深蔭久矣，成邑村內之勝蹟。」同時，在羊頭山附近還發現神農廟、神農城、神農井和神農泉等，一些殘台、殘柱仍然依稀可見。

據史學家表示，這個炎帝陵遺蹟可能是炎帝部落從陝西東遷往山東途中佔領山西南部、河南北部所留下的遺址。〔註8〕

五穀廟創建年代不詳，最遲在宋代時早已有之。該廟座北面南，建築規模宏大，周有城牆，分為上下院，在其中軸線上，分列為舞台、獻台、山門、甬道、正殿。原來廟院內碑石林立，約有 4、50 通碑。現僅存正殿 5 間，東西廂房 10 幾間。在東廂房的後牆上，有「炎帝陵」石碑一通，是明萬曆 39 年（1161年）申道統所立。「炎帝陵」石碑的後面有甬道（現已封住）可通墓穴。

高平羊頭上相傳是炎帝神農氏嚐五穀之地，現羊頭山上神農城、神農泉、五穀畦、神農廟等遺址遺迹尚存。有關炎帝神農氏的民間傳說很多。除莊里炎帝陵是專門祭祀炎帝外，本地還有很多祭祀炎帝的廟宇，如故關的炎帝行宮，下台的炎帝中廟，市城東關的炎帝下廟，邢村的炎帝廟，永祿的炎帝廟等，據不完全統計，至少有 30 餘處。

正殿面闊 5 間，進探 6 椽，懸山式屋頂，琉璃脊飾，為元代所建，明代時曾進行過較大的維修。

寶雞市南的天台山是炎帝曾經嚐百草採藥的地方。一日，他誤嚐斷腸草

〔註7〕唐家鈞、張前軒、章楫慧、張前榮、唐旭東編著：《鹿原陂上炎帝陵》，長沙，嶽麓書社，1997 年，歷代炎帝陵建置修墓考，頁 21～22。

〔註8〕1995 年 11 月 3 日，台北：中國國民黨《中央日報》。

（火焰子）中毒而死，安葬於天台山上。至今在天台山上還有停骨台的遺蹟。
炎帝逝世後，傳說黃帝曾到今名叫燒香台的地方祭祀過炎帝。秦靈公三年（公
元前 422 年），秦人曾在寶雞吳山之陽，「設下畤」，祭典炎帝。以後歷代在當
地雖也修過神農祠、火神廟等等，祭祀炎帝。

　　1993 年 8 月在寶雞市以南 5 公里的清姜河畔的常羊山建起了莊嚴肅穆
的「炎帝陵」。由山下踏過 999 階，便到陵墓區，炎帝陵墓因山起冢，顯得
分外高大，墓冢底部用青磚圍砌而成，上半部芳草盈頂。陵墓正北，樹立一
座高大的墓碑，碑上刻「炎帝陵」三個飄逸灑脫的大字，為著名書法家啟功
先生所題。〔註9〕

　　姜姓部原生活在今甘肅、青海一帶，也就是史書記載的羌人，後來一部份
羌人來到寶雞、岐山一帶，便改稱為姜，就這樣，姬姓部族和姜姓部族，在寶
雞地區聯姻。〔註10〕

五、黃帝橋陵

　　民國 4 年，農商部規定清明日為植樹節，全國各機關學校擇地種植樹木。
國民政府成立，改以 3 月 12 日國父　孫中山先生逝世紀念日為植樹節，同時
並明定清明日為民族掃墓節，派員前往陝西中部縣橋山，祭掃軒轅黃帝陵墓，
來臺後，仍歲時遙祭。按中部縣屬陝西省，在鄜縣的南面，宜君縣之北，洛川
縣的西南，位於洛水支流沮水的北岸。東晉時姚秦置，故城在今治之前。隋改
曰「內部」，徙今治；唐復改為「中部」，置坊州於此；清屬鄜州，民國 33 年，
內政部徇地方士紳之請，改名為「黃陵縣」。

　　黃陵縣為一山城，依山傍水而建，周約 7 里許，有六門。並依山勢，從
城東至城西另築界牆，把山城劃分為南、北兩城，牆有門，溝通兩城，名「迎
祥門」。南城濱臨沮水，地形平，自咸陽經延安、延川、綏德直通陝北榆林的
成渝公路，從西門進入，穿南城而過，路邊商店林立，為黃陵縣的工商業區。
北城築於橋山中腰，居高臨下，為縣城政治、教育和軍事重心。因為是依山
建築，階到高低參差，不時須上坡下坡，攀登階梯，因此除了肩輿之外，其
它交通工具，均無用武之地，人們日常行動，都是按步當車。

〔註9〕佳雨、和風編著：《寶雞旅遊文化大觀》，西安：三秦出版社，2002 年，炎帝
　　　　陵，頁 155～158。
〔註10〕鄒衡：〈寶雞──姬姓和姜姓的聯姻地〉，收入吳紅主編：《名人說寶雞》，安徽
　　　　教育出版社，2005 年，頁 28～30。

橋山海拔 2000 餘公尺，其下有水穿山而過，山乃如橋，因而得名。橋山一名「子午山」，山脈綿亘於陝、甘兩省界，為涇、洛二水之分水嶺，南達富平、同官等縣，北接橫山山脈，因此世稱橫山為橋山的北麓。軒轅黃陵即在橋山頂上，故有橋陵之稱。《史記‧封禪書》載：「漢武帝巡朔方還，祭黃帝塚橋山」。

從縣城東門和北門，都可以往遊橋陵，從北門去較近，只是山路崎嶇不平，只能步行；而另一條則是抗戰時期駐軍所闢大道，車馬暢行無阻。沿途山間，遍植柏樹，據聞有柏 6 萬餘株。綠蔭遍山，青翠欲滴，景色至為秀麗。距陵園約 500 公尺處，立有「文武官員至此住轎下馬」石碑，遊人到此，都一律步行恭謁，以表崇敬。

陵寢是黃土積成，周約百步，高丈餘，前有一亭，亭中有石碑，原刻「古軒轅黃帝橋陵」七字，是清乾隆丙申年（公元 1776 年）孟秋重建。民國 31 年冬，軍事委員會蔣中正委員長敬題「黃帝陵」，今石碑為郭沫若先生所敬題「黃帝陵」，亭後另有一碑，較前碑稍小，上刻「橋山龍馭」四字，則是明朝嘉靖丙申年（公元 1536 年）十月滇南唐錡所立，黃陵有幾千年的歷史，歷朝均加修葺。陵前廣場甚大，約計可容數百人之多，四周遍植蒼松翠柏，均千年古樹，鬱鬱蒼蒼，覆蓋著一片大地，雖在盛暑，亦極涼爽，在此可眺望城中景物。

六、古軒轅廟

黃帝陵寢在橋山之陽，軒轅廟在橋山之麓，相去約 5、6 里。廟門東向，背山面水，有「軒轅廟」三字匾額。廟佔地甚廣，畫棟雕樑，飛簷四出，碧瓦朱欄，白堊金飾，規制宏偉。廟分三進，進各相距 5、6 丈許，前二進藏碑甚多，第三進亦即大殿，原供神位，上書「黃帝軒轅之神位」，今供複製的山東嘉祥的漢武梁祠內石製的黃帝浮雕像，其他別無陳設。有長廊，通兩廡。今於原廟後方蓋規模甚大的軒轅新廟。

舊廟中遍植古柏，粗皆數圍，其他最著名者為「柏王」及「掛甲樹」。「柏王」在前院右，高 10 丈，粗逾 7 人合抱，有人加以丈量，計 11 公尺又 89 公分，約略等身裁的人 7 圍又 8 拃半，因此當地青年學生們給它取個渾號，叫做「七摟八拃半」，柏王之名，倒反被冷落。此樹傳說為黃帝手植，如果屬實，已有 4000 多年的樹齡，確否頗難斷定。

「掛甲樹」在第二進右側，較「柏王」略低，約高 5、6 丈，枝葉茂密，

亭亭如蓋。其特異之處，為樹皮上纍纍圓痕，大小約如當 10 銅圓而稍大，深約 1 公分餘，與其它柏樹外表不同，因此遂傳說當年漢武帝伐匈奴，行經黃陵，祭祀畢，小憩廟中，將鎧甲卸下，掛此樹上，樹皮為甲刺傷，留此痕跡，遂有「掛甲樹」之名。樹前立有石碑，記述甚詳。〔註11〕

七、黃陵縣八景──錄自《古今圖書集成》五四二

（一）橋山夜月

橋山高聳，古柏密布，山藤夜月，映之如荇。藻涵水中，幽景奇絕。

（二）沮水秋風

沮水多佳木，秋風至，紅葉刀刀，水浮卜面。念伊人者，有在水一方之思。

（三）龍灣曉霧

龍首傳為軒轅龍馭之首山，晨必吐霧，瑞色射人目。

（四）鳳嶺春煙

鳳凰山逼邑城，煙浮其上，靄靄繚繞，久而不散。

（五）南峪黃花

黃花峪，有滴珠泉，水滴下皆如花。

（六）北橋淨石

北橋有石，大雪霏霏，石上如帚掃弗凝。

（七）漢武仙台

祈仙台，漢武所築。登其上，諸山咸拱，禿柏環立，凜凜不可久留。

（八）橋陵古柏

柏多軒轅手植，老幹凌霄，似虬龍蟠空中，麟甲走動，風雨更奇。

八、少昊陵

山東曲阜縣東北 2 里亦有黃帝壽陵。《歷代山陵考》：「軒轅壽陵：曲阜東北二里，黃帝軒轅氏葬此，名壽邱，金始改為壽陵。」

少昊陵在山東曲阜縣東北 8 里。《明統志》：「少皞陵在軒轅陵之東，前有石壇石像，又有八卦石。」

〔註11〕 李雁蓀：《掃墓節懷帝陵》，台北：《陝西文獻》，1973 年第 13 期，頁 27～28；何炳武、陳一梅、張學領、高葉青，《民國三十三年黃陵縣志·校注》，西安：陝西人民出版社，2009 年，第 267～268 頁。陝西地方志編委會：《陝西省志·黃帝陵志》，西安：陝西人民出版社，2005 年，頁 69～71。

按《古今圖書集成》引〈兗州府志〉:「少昊陵在曲阜縣東北八里,陵前有石壇石像,有石碑四,高廣各二十餘尺,龜趺亦長二十尺,其上無字。蓋宋時所造,碑成未鐫,按外紀註云:雲陽,山名,在曲阜,今陵皆平地。」〔註12〕

九、顓頊陵

顓頊陵有三說

一、帝丘。帝丘又有二說,春秋僖公三十一年,衛遷於帝丘。左傳昭公十七年,梓慎曰:「衛,顓頊之墟也,故為帝丘。」《漢書・地理志》:「濮陽,古帝丘,顓頊墟,春秋時為衛都。」今河南濮陽縣西與為古帝丘。按《明統志》又有帝丘城在滑縣東北70里土山村,即衛成公所遷,蓋其境相接也。

二、河北高陽縣亦有顓頊陵。

三、《東昌府志》:「高陽氏陵在府城西北二十里。」

顓頊陵遺址,位於聊城市區西北7.5公里。為台地遺址,傳說是顓頊之陵。顓頊乃上古帝王,係黃帝之孫,「初國於高陽,故號高陽氏,都於帝丘(今河北濮陽),在位78年」。遺址暴露面積500平方公尺,為黑灰土堆積。遺址表現散佈著不少陶片,可識器形有龍山文化時期的罐、甗、豆、盆,殷代的鬲、周代的繩紋筒瓦等。屬龍山文化至周代時期的遺址。1973年發現。為市級文物保護單位。

十、帝嚳陵

帝嚳陵亦有數說:在河南滑縣東北。滑縣有二陵,即顓頊陵與帝嚳陵。《元和志》:「秋山在頓丘縣西北三十五里,帝嚳陵在焉。」按陝西郃陽縣亦有帝嚳陵。《歷代山陵考》:「帝嚳葬頃立山,在大名府清豐縣,今陵在滑縣,又在歸德府,又在郃陽縣,史稱帝嚳都于亳,在歸德者近是。」

帝嚳是氏族部落聰明首領,五帝之一。陵墓位於陝西省渭南市郃陽縣東王鄉莘野村西,東距「處女泉」1公里,屬同一景區。墓冢高大,原有清代陝西巡撫畢沅書寫之墓碑,惜已損毀。現存清康熙年間舉人雷會所書「帝嚳冢」墓碑一通。古代,每年春秋二季,曾由藩司撥付專款,以作祭掃之用。1996年清明節恢復傳統祭掃活動。〔註13〕

〔註12〕《古今圖書集成・方輿彙編・坤輿典》,129卷。
〔註13〕明・葉夢熊纂、清・莊曾明、葉子循等續纂:《郃陽縣志》,不著出版社名稱,1992年重印。

　　按《商丘縣志》：「帝嚳陵在城南，高辛里，帝嚳都亳，故葬此。皇覽謂葬頓丘，今在清豐縣，而滑縣、郤陽縣又俱載帝嚳陵，皆有所傳之誤也，有宋開寶元年，太祖詔祀帝王陵寢碑可考。」

十一、二帝陵

　　二帝陵，位於內黃縣城東南 30 公里的三楊莊村西，滑縣傳說是上古時代「五帝」中的顓頊、帝嚳兩個帝王的陵墓。因為顓頊又稱高陽氏，帝嚳又稱高辛氏，所以，當地群眾又稱這裡為高王廟。每年的農曆 3 月 18 日有個廟會，人山人海，對二帝進行祭祀。二帝陵建於何時，難以考證，據當地老人介紹，相傳最初時僅建有兩座陵墓，呈矩形，東西相對，東顓頊而西帝嚳。唐太和四年（公元 830 年），陵前建人殿五間，左右建有配殿，殿院外有碑林，大殿後修有馬道，直達二帝陵。元朝初年，又在陵園四周修砌了磚牆，赭紅色，顯得莊嚴肅穆。清宣統年間，因風沙南移，遂使陵園掩埋於沙丘之下。後來，人們能看到的僅是一個高 10 公尺左右的大沙崗和兩通石碑。一通石碑全露在外，上書「顓頊陵」二個大字，係清代所立。另一通為「顓頊帝陵」石碑，僅露出地面尺許，係元代所立。1986 年內黃縣在進行文物普查時，對二帝陵進行初步調查，陵廟輪廓已基本查清。土山陽坡，呈南北走向，陵在山上，廟在山腰，山門在山腳。廟宇有大殿五間，頂部已塌陷，前有長廊，多為元、明代的青磚砌造，雜有唐、宋磚。大殿內有明、清御製祭文石碑 41 通，字跡清晰，圖文並茂。殿前兩側各有配房三間，山門前方右側有宋代磚井一眼，內挖出滾龍方碑首一塊和刻有「欞星門」三字的青石門池石一塊。大殿後 200 公尺以北，為陵墓圍牆，東西長 165 公尺，南北寬 66 公尺，呈長方形，是元代磚砌造。南牆前有東西長 165 公尺的甬道，大殿至陵墓有三條神道。甬路多處呈現成階梯形台階。其它地方還有不少漢唐建築遺物。據傳碑林中還有魁首漢碑和刻有佛像篆額的唐碑。二帝陵佔地面積約 300 畝以上。〔註 14〕

十二、堯　陵

　　帝堯陵地亦有數說：

　　一、穀林，今山東荷澤縣東北 50 里，舊雷澤城西，與濮縣接界。《呂氏春

〔註 14〕安陽旅遊協調小組編：《古都安陽》，鄭州：河南人民出版社，1987 年，頁 64
　　　　　～65；1993 年修《內黃縣志》，頁 577。

秋》:「堯葬穀陵」。《漢書·地理志》:「成陽有堯冢靈台」。《集古錄》載後漢濟陰堯母陵台廟,請敕本州致祭,置守陵五戶,自金末河決,其移祀於東平蘆泉山之陽。

二、神林,今山西臨汾縣東 70 里。《清一統志》:「《漢書·劉向疏》:堯葬濟陰丘壟皆小,葬具甚微。」〔註15〕《括地志》:「堯林在濮州雷澤縣西三里」《述征記》:「成陽縣,東有堯冢」。南朝劉宋合抄本《皇覽》:「堯冢在濟陰成陽」。《文獻通考》:「唐堯葬城陽穀林」。《曹州志》載有堯陵。《東平州志》亦載有堯陵。諸書多載堯陵於山東,惟皇甫鑒《城冢》記載在平陽,堯都平陽在位 17 載(另說百年)而殂落,陵似宜在今平陽(山西臨汾)。

十三、舜 陵

一、在山西安邑縣西北 30 里鳴條岡南,有帝舜廟及帝舜陵。按《平陽府志》:「虞舜陵在安邑縣西二十里鳴條岡,孟子謂卒於鳴條,即此陵,高三丈,甃以甓,方廣四十餘步,內外共地百畝餘,古柏皆大可十餘圍,有守陵大雲寺」。

二、在湖南寧遠縣九疑山。《寰宇記》:「亦名永陵,自古禁樵採置守陵戶。」太史公云:「舜南巡,崩於蒼梧之野,葬於零陵之九疑。」《禮記》:「舜葬蒼梧」,《史記》:「舜葬九疑」,元結、司馬光,皆辨其非。當以山西安邑鳴條岡為是。

三、廣西梧州城東 5 里,亦有舜陵。洞庭湖中君山有虞舜二妃之墓。

吳順東先生有關舜帝陵廟之考證:史載舜崩蒼梧,葬於九疑。陵在何處?雖然事在史前,真陵已渺遠難尋。先秦著作中反映地舜葬處最明確的是《山海經》,其〈海內南經〉、〈海內東經〉、〈大荒南經〉等篇皆曾述及,且首見「湘陵」之名,據考所載舜陵相對位置基本上不出瀟湘源頭。《山海經》成書於戰國,既多稱述,舜陵或當有時代更早、位置也更明確的指認。明·張萱《疑耀》、陳士元《江漢叢談》皆云宋人張埏《零陵志》、吳致堯《九疑考古》均曾援引楚靈王築章華台以象舜陵事。張、吳之書已無緣得見,二君有否考究九疑舜陵何在不得而知。今查其引文出處實為《國語·吳語》,中有伍子胥諫吳王夫差曰:「昔楚靈王不君,其臣箴諫以不入。乃築台於章華之上,闕為石郭、陂漢,以象帝舜。」張、吳二君據以判斷為「以象舜陵」,甚是。至於所象何

〔註15〕相傳帝堯之葬,窾木為匵,以葛藟為緘,穿不亂泉,上下不泄殠而已。

以必為九疑舜陵，以及該陵的必然位置，其實亦明白不過：諸侯築高台，主旨不外乎瞻望「國氣」，獻神禱福，則章華台所象必在楚國四望之內；而九疑為楚之南鄙，帝舜所葬也獨此一處而已。章華台本級高峻，有三休乃登之名，酈道元《水經注》記章華故台上且高逾 10 丈，則章華台欲擬舜陵高入雲天的意圖亦不言自明；穿石成廓、陂漢以繞其下云云，自是盡可能模擬舜陵山水形勢的客觀體現；工程穿土為易而穿石甚難，靈王卻偏要捨易就難而造石城，顯係由舜陵固有形質所決定：三者皆與今寧遠玉琯岩舜帝陵廟遺址東南約 20 公里的三分石契合無間。三分石乃石分三歧，壁立千仞，滑不留手，俯瞰諸嶺而傲視群峰，其形又宛如巨人舉目遠眺，故其獨特壯美亦為諸峰之冠；峰下水分三脈，瀟水、歸水、沲水同此源頭，最初皆共旋於石峰之下，為石所分始為三江。瑤民初呼為舜公石，當係事名之紀原，徐霞客昔曾親歷，於此記述甚詳。綜上所述，可謂故實出於信史，史料出於忠諫，諫臣出於楚國世家，諫言出於身經目睹，在在顯示出三分石與舜陵的合一地位已成當時共識。《左傳》載章華台落成於魯昭公七年（公元前 533 年），則三分石之作為舜陵象徵，最低限度也已距今逾 2600 餘年了！

戰國以下，越秦漢而至南朝，三分石的舜陵象徵地位皆穩定如初，《長沙國南部地形圖》、《水經注》對此均有明確體現。兩漢之際營建虞祠於玉琯岩前，構成依玉琯、瞻楊子而遠朝三分石的並存格局，乃屬變通之列。三分石在唐貞觀年間尚存「九疑觀」，自是此處其時能被視為九疑中心的表徵。中唐以前三分石山下舜廟完全湮廢，北宋定玉琯岩為九疑中峰，舜陵象徵才發生根本轉移。至明朝洪武初年，舜陵隨廟遷建而變更為今之簫韶峰。數千年之間，舜陵位置大抵三度變遷，但三分石因其初始舜陵象徵的緣故，最終以「舜公石」的民間歷史傳承方式而獲得永恆。〔註 16〕

圖　版

（一）燧人氏陵　河南商邱

燧人氏像　河南商邱市燧人氏陵前像。燧人氏陵座落在商邱古城西南三華里處。燧人氏為傳說中人工取火的發明者。相傳遠古人民「茹毛飲血」，他

〔註 16〕吳順東：〈九疑山舜帝陵廟之發掘及沿革匯考〉，《中國文物報》，2007 年 8 月 1 日；明·蔣鑌纂、清·吳繩祖修、梁頌成校點：《九疑山志》二種，長沙：嶽麓書社，2008 年。

鑽木取火，教人熟食。反映中國原始時代從利用自然火，進步到人工取火的情況。據《歸德府志》和《商邱縣志》記載：「燧皇陵在閼伯台西北，相傳為燧人氏葬處。俗云土色皆白，今殊不然。」

燧人氏陵　河南商邱市。始建於何時失考。原有大殿、東西廂房、石像生等，古柏參天，鬱鬱蒼蒼。後毀於戰火。1992 年又進行了重修。陵前有著名史學家俞偉超先生所題「燧人氏陵」石碑一通。

燧人氏像

燧人氏陵前塑像

燧人氏陵

（二）太昊陵（伏羲氏陵）　河南淮陽

午朝門

太昊陵廟文保碑

道儀門

先天門

太極門

統天殿

2004 年重塑的統天殿金像

太昊陵側景

太昊陵正景

（三）神農氏陵（陝西寶雞市）

神農氏廟門

神農氏像

炎帝殿

炎帝陵

（四）神農氏陵（山西高平市）

五穀廟創建年代不詳，最遲在宋代時早已有之。該廟座北面南，建築規模宏大，周有城牆，分為上下兩院，在其中軸線上，分列為舞台、獻台、山門、甬道、正殿。原來廟院內碑石林立，約有4、50通碑。現僅存正殿5間，東西廂房10幾間。在東廂房的後牆上，有「炎帝陵」石碑1通，是明萬曆39年（1161年）申道統所立。「炎帝陵」石碑的後面有甬道（現已封住），可通墓穴。

高平羊頭上相傳是炎帝神農氏嚐五穀之地，現羊頭山上神農城、神農泉、五穀畦、神農廟等遺址遺跡尚存。有關炎地神農氏的民間傳說很多。除莊里炎帝陵是專門祭祀炎帝外，本地還有很多祭祀炎帝的廟宇，如故關的炎帝行宮，下台的炎帝中廟，市城東關的炎帝下廟，邢村的炎帝廟，永祿村的炎帝廟等，據不完全統計，至少有30餘處。

正殿面闊5間，進深6椽，懸山式屋頂，琉璃脊飾，為元代所建，明代時曾進行過較大的維修。

山西高平市神農鎮莊里村五穀廟

山西高平市莊里村五穀廟旁炎帝陵

（五）黃帝陵（陝西延安橋山）

清末民初的黃帝陵　　　　　　　蔣中正委員長題黃帝陵碑

資料照片

沮河環繞

黃帝手植柏

黃帝廟廟門

軒轅舊廟

軒轅殿　黃帝新廟

黃帝陵碑亭

今之黃帝陵碑

黃帝陵冢

漢武升仙台

（六）少昊陵（山東曲阜）

少昊陵牌坊（明代建）

少昊陵陵殿　　　　　　　　　　　室內

據古史載：「黃帝生於壽丘」「壽丘在魯東門之北」，宋真宗尊黃帝為始祖，於壽丘起建景靈宮祭祀，景靈宮共 1320 間。琢玉為像，祭祀用太廟禮儀，是當時禮制最高的廟制，但毀於元末。

壽丘離少昊陵僅 30 步，後代誤以為壽丘為少昊陵。

壽丘碑　　　　　　　　　　　　壽丘

少昊陵

（七）顓頊、帝嚳陵　河南內黃、商邱

二帝陵陵門（內黃）　　　　　二帝陵陵殿（內黃）

顓頊陵（河南內黃）　　　　　帝嚳陵（河南內黃）

二帝陵殿內的二帝像（內黃）

據《商邱縣志》載：「帝嚳陵在城南高辛里。帝嚳都亳，故葬此。《皇覽》謂葬頓丘，今在清豐縣。而滑縣、郜陽縣又俱有帝嚳陵，皆所傳之誤也。有宋太祖開寶元年（968 年），昭祀帝王陵寢碑可考。」

每年農曆六月十三日為盛大廟會，周圍數十里的民眾，喜氣洋洋，敲鑼打鼓，載歌載舞來此趕會朝拜。

帝嚳陵附近的高辛集周圍，經中國社科院考古隊和美國哈佛大學教授張光直考察，高辛集下的城牆遺址為原始社會的高辛城邑。附近的潘廟、陳莊、三張莊均屬龍山文化時期的原始村落。除出土的龍山文化時期的灰土層和陶器外，還出土了大量的春秋戰國和西漢時期的骨器、陶器、鐵器、銅器、石棺、空心磚、古墓葬等。

商邱帝嚳陵

（八）堯陵　山西臨汾

在山西臨汾市東北 35 公里郭村西隅澇河北側。堯都平陽城南有堯廟，城東築堯陵，陵周土崖環峙，河水經陵前南洩。松柏蒼翠，陵丘聳峙，高 50 公尺，繞周 80 公尺。陵前築有祠宇，相傳為唐初所建。金泰和二年（1202 年）碑文載：唐太宗征遼曾駐蹕於此，因謁堯陵遂塑己像。元中統年間道人姜善信奉元世祖命修築堯陵，明成化、嘉靖，清雍正、乾隆間，都曾重修。現陵丘如故，松柏依舊。祠內有山門（門上為樂樓）、牌坊、廂屋、獻殿、垛

殿、寢殿、碑亭等建築，佈局緊湊，木雕精細，紅牆綠瓦，圍以清流古柏，相映成畫。祠內碑碣十餘通，記堯王功績與陵宇沿革。明嘉靖十八年（1539年）堯陵碑上刻有堯陵全圖，保存完好。

澇河　　　　　　　　　　　　陵前山門

陵祭殿　　　　　　　　　　　陵碑

圖片說明：取自中國國家文物局主編：《中國名勝詞典》第二版，上海辭書出版社，
　　　　　1986 年。

（九）舜帝陵廟　山西運城

舜帝陵廟位於山西省運城市北相鎮西曲馬村南鳴條崗，始建於唐開元年間，元末被毀，明萬曆年間重建，清代多次重修，廟座北朝南，面積 2.7 萬平方公尺，列入第六批全國重點文物保護單位。

祭殿（元代建築）

陵墓

碑

碑

第三章　夏朝陵寢

帝 系	姓 名	陵 地
帝禹	姒文命	會稽（浙江省紹興市）。
帝啟	姒啟	山西省運城市夏縣北夏王村里。
太康	姒太康	陽夏（河南省周口市太康縣東南2里）。
仲康	姒仲康	山西省運城市夏縣北夏王村里？
帝相	姒相	帝丘（今河南省安陽市滑縣或河南省濮陽市濮陽縣）。
寒浞	猗浞	今地不可考。
少康	姒少康	陽夏（河南省周口市太康縣太康陵西）。
帝杼	姒杼	山西省運城市夏縣北夏王村里？
帝槐	姒槐	山西省運城市夏縣北夏王村里？
帝芒	姒芒	山西省運城市夏縣北夏王村里？
帝泄	姒泄	山西省運城市夏縣北夏王村里？
帝不降	姒不降	山西省運城市夏縣北夏王村里？
帝扃	姒扃	山西省運城市夏縣北夏王村里？
帝廑	姒廑	山西省運城市夏縣北夏王村里？
帝孔甲	姒孔甲	（一）北京市延慶縣東北三崤山？
		（二）河南省洛陽市洛寧縣楊坡保？
帝皋	姒皋	崤（河南省三門峽市陝縣東南雁翎關關口北）。
帝發	姒發	山西省運城市夏縣北夏王村里？
帝履癸	姒履癸	亭山（安徽省馬鞍山市和縣，或安徽省合肥市巢湖區臥牛山）。

　　殷盤庚以前的陵寢，僅能從紙上資料加以排列，無法進一步考證，這段時間，考古學遺物上之文字發現，尚未能解答我們要知道的傳疑時期，或稱原史時代（Protohistoric Age），司馬遷時已言五帝尚矣！（尚者，上也。年代久遠之意。）（語見《史記‧五帝本紀》）。又言，殷以前尚矣！（見《史記‧漢興以來諸侯王年表》），所以殷中期以前的陵寢均列入存疑，蓋所以慎也。〔註1〕

　　禹葬會稽，《史記‧夏本紀》：「禹會諸侯江南，計功而崩，因葬焉，命曰會稽。會稽者，會計也。」《史記‧集解引皇覽》：「禹冢在山陰縣會稽山上。會稽山本名苗山，在縣南，去縣七里。越傳曰禹到大越，上苗山，大會計，爵有德，封有功，因而更名苗山曰會稽。因病死，葬，葦棺，穿壙身七尺，上無瀉泄，下無邸水，壇高三尺，土階三等，周方一畝。《呂氏春秋》曰：『禹葬會稽，不煩人徒』。《墨子》曰：『禹葬會稽，衣裘三領，桐棺三寸』。《漢書‧地理志》云：「山上有禹井、禹祠，相傳以為下有群鳥耘田者也。」《史記‧索隱》曰：「葦棺者，以葦為棺。謂蘧蒢而斂，非也。禹雖儉約，豈萬乘之主而臣子乃以蘧蒢裹尸乎？《墨子》曰：『桐棺三寸』，差近人情。」《史記‧正義引括地志》云：「禹陵在越州會稽縣南十三里。廟在縣在東南十一里。」〔註2〕

　　《帝王世紀》：「禹葬會稽，下不及泉，上不通臭。既葬，收餘壤為壟。」

　　劉向云：「禹葬會稽，不改其列。」

　　現在紹興市郊仍有禹廟，禹廟者，禹之陵廟也，今之禹廟是宋乾德年間所立，立廟以後，歷朝都專設守陵的人，春秋都有祭祀。

　　禹廟在紹興城東南約 10 里，會稽山主峯北面，石帆山的山麓，是一座很大的建築。廟中有「岣嶁碑」，相傳此碑的蝌蚪文為中國最古的文字。因此，搨碑的人很多，把石碑搨光了。

　　禹陵在廟前左面的山邊，事實上已見不到陵墓，有一座碑亭，碑上刻著「大禹陵」三字，山邊有石刻，刻著「禹穴」，據說是明朝一位鄭善夫先生考訂的，禹廟左旁的山邊有一座「窆石亭」，亭內立著一塊被人磨得精光和人差不多高的鐘形石塊，上面穿有小孔，極像鐘紐，據說是禹王落葬時用的，可說是禹陵最古的遺物。〔註3〕但民國以來，經考證窆石應是秦代所刻，理由

〔註1〕陶文的使用應在甲骨文之前，以江西清江縣吳城為代表。
〔註2〕參看《史記‧夏本紀》及〈三家注〉。
〔註3〕參看原人：〈紹興的禹廟〉，台北：《自立晚報‧副刊》，1975 年 5 月 2 日。

是：考史記，始皇上會稽，祭大禹，望南海而立石，其辭凡七十四句。內有「平一宇內，三十有七年，親巡天下，六王專倍，皇帝并宇，請刻此石」等語；秦二世加刻，則有「御史大夫昧死言，具刻詔書，四明白矣」等語；又考《金石萃編》，禹陵窆石，清乾隆時，平恕、徐嵩編《紹興府志》有「玉石并天文」五字；王氏精拓本，有「曰年王一并天王晦真」九字。以證史記，玉字王字，即六王之王也，石即此石，并即并宇、天即天下，年即有七年，一即平一也，文，大夫也、晦，昧也、真，具也，曰、白也，四字篆相近，故誤釋也。清初存字，皆秦石所有，而并字尤專屬於秦，其為秦石明矣。傳訛於兩宋，附和於清初。《南史‧范雲傳》：「會稽秦望山，有始皇石刻，篆多不識，雲取《史記》，讀之上口，登山，遂讀如流」唐之張守節、司馬貞，皆援秦石，以證《史記》。宋則歐不著錄、蘇不留題、姚令威，王十朋，陸游諸公、苦求秦刻於何山，鵝鼻山，經五代之亂，已迷失其處。元‧申屠駉以藏本刻於越庠，康熙時，為人磨去，所以可知秦石在六朝，字猶完好，唐猶無恙，至宋始湮沒失傳，至清則翻刻亦絕。所以秦石存時，別無窆石，秦石既遁，窆石名稱亦起，但事實上是同一碑刻的。〔註4〕

太康葬陽夏，《史記‧夏本紀》不載。按《古今圖書集成引開封府志》：「太康陵在太康縣東南2里。按《書》：太康為羿所距，遂居陽夏，後葬焉。少康陵在太康陵西。」

太康陵位於城東南1公里處，為圓形墓冢，古時極高大，現高4公尺，周長84公尺，據傳夏王太康卒葬於此。1984年文物普查時，在該陵區地表及墓冢封土內採集有漢代繩紋板瓦、筒瓦和幾何圖案墓磚。〔註5〕

《古今圖書集成引續河南通志》：「孔甲陵在河南府永寧縣北楊坡保。」按此處與《河南府志》所載，恐帝皋誤為孔甲也。

帝皋葬都，《史記‧夏本紀》注：「左傳曰『皋在殽南陵』」。按《古今圖書集成引河南府志》：「夏后陵在永寧縣陽坡保崤山之側，按史記孔甲之子曰：『帝皋葬於崤之南陵』。左傳崤有二陵，其南陵夏后皋之墓也。」

夏后皋墓位於陝縣東南雁翎關關口，三（門峽）洛（寧）公路東側的高阜之上，距三門峽市約28公里。墓成圓丘形，高約1.5公尺，周長約30公尺，土石冢，墓旁生櫟樹數棵，大樹已可合圍，附近草木茂盛，益增古冢莊

〔註4〕參看周嵩堯：〈禹陵窆石辨〉，載《浙江省立圖書館刊》，第4卷第6期。
〔註5〕1991年修《太康縣志》，鄭州：中州古籍出版社，第二節、文物，頁509。

嚴肅穆。〔註6〕

《左傳・僖公三十二年》載:「崤有二陵焉,其南陵,夏后皋之墓也……」即指此。

帝履癸葬亭山,《史記・夏本紀正義引淮南子》云:「湯敗桀於歷山與妹喜同舟浮江奔南巢之山而死。」按《巢縣志》:「桀王墳在縣東三里地,昔成湯伐桀,桀奔南巢,巢伯為築王城以居之,離城東行二里,有岡,其長可三里許,乃放王岡也,上有大墩五六,其近北者,特立岡頂,土人傳呼曰王墳,南數墩曰疑冢也。」

其餘夏諸帝陵,《史記・夏本紀》皆不載。按《古今圖書集成引平陽府志》:「夏后氏墓在夏縣北夏王村里,夏一代陵寢在焉。按《大清一統志》:『惟禹陵在會稽山,禹巡狩崩而葬焉,太康陵在河南開封府太康縣西,除二陵外自啟而下未著其處,今高丘纍纍,即啟以下諸帝之陵。金大定五年,建朝元觀於其側,以惟香火之地。』」〔註7〕

圖 版

禹廟廟門

浙江紹興市

大禹廟

浙江紹興市

〔註6〕 1988年修《陝縣志》,鄭州:河南人民出版社,頁499。
〔註7〕 參看清聖祖詔編:《古今圖書集成・方輿彙編・坤輿典》,第一百二十九卷。

乾隆御碑

禹陵岣嶁碑

清康熙、乾隆二帝南巡主要目的之一，為巡視河工，康熙十分欽崇大禹治水事蹟，親詣禹陵，並書「地平天成」於禹廟。康、乾二帝於第2、1次南巡時，謁大禹陵廟。

大禹陵

浙江紹興市

禹井亭

太康陵（河南太康縣）

太康陵說明

少康陵碑（河南太康縣）

少康陵（河南太康縣）

夏后皋墓（一）（河南陝縣）

夏后皋墓（二）（河南陝縣）

第四章　商朝陵寢

帝　系	姓　名	陵　　地
成湯	子履	（一）或言無葬處。
		（二）河北省商丘市北？
		（三）河南省洛陽市偃師市東北山上？
		（四）山西省運城市萬榮縣北？
		（五）山東省濟寧市兗州區？
		（六）陝西省咸陽市三原縣？
		（七）安徽省亳州市？
太甲	子至	山東省濟南市歷城區南 50 里？
沃丁	子絢	狄泉（河南省洛陽市漢魏洛陽故城中的東北隅）？
太庚	子辨	狄泉（河南省洛陽市漢魏洛陽故城中的東北隅）？
小甲	子高	狄泉（河南省洛陽市漢魏洛陽故城中的東北隅）？
太戊	子密	內黃（河南省安陽市內黃縣南 30 里）。
雍己	子伷	狄泉（河南省洛陽市漢魏洛陽故城中的東北隅）？
仲丁	子莊	狄泉（河南省洛陽市漢魏洛陽故城中的東北隅）？
外壬	子發	狄泉（河南省洛陽市漢魏洛陽故城中的東北隅）？
河亶甲	子整	（一）相（河南省安陽市內黃縣）？
		（二）洹水南？
		（三）湯陰（河南安陽市湯陰縣）？
祖乙	子滕	狄泉（河南省洛陽市漢魏洛陽故城中的東北隅）？
祖辛	子旦	狄泉（河南省洛陽市漢魏洛陽故城中的東北隅）？
沃甲	子踰	狄泉（河南省洛陽市漢魏洛陽故城中的東北隅）？

祖丁	子新	狄泉（河南省洛陽市漢魏洛陽故城中的東北隅）？
南庚	子更	狄泉（河南省洛陽市漢魏洛陽故城中的東北隅）？
陽甲	子和	狄泉（河南省洛陽市漢魏洛陽故城中的東北隅）？
盤庚	子旬	河南省安陽市洹河北岸侯家莊西北岡。
小辛	子頌	河南省安陽市洹河北岸侯家莊西北岡。
小乙	子歛	河南省安陽市洹河北岸侯家莊西北岡。
武丁	子昭	河南省安陽市或河南省周口市商水縣長平鄉。
祖庚	子曜	河南省安陽市洹河北岸侯家莊西北岡。
祖甲	子載	河南省安陽市洹河北岸侯家莊西北岡。
廩辛	子先	河南省安陽市洹河北岸侯家莊西北岡。
庚丁	子囂	河南省安陽市洹河北岸侯家莊西北岡。
武乙	子瞿	河南省安陽市洹河北岸侯家莊西北岡。
太丁	子托	河南省安陽市洹河北岸侯家莊西北岡。
帝乙	子羨	河南省安陽市洹河北岸侯家莊西北岡。
帝辛	子受	河南省鶴壁市淇縣西崗鄉河口村淇河大堤內。

　　湯陵數說：（一）殷湯無葬處。《史記‧集解引皇覽》：「劉向曰：『殷湯無葬處。』」（二）河南商丘縣北。按《史記‧集解引皇覽》曰：「湯冢在濟陰亳縣北東郭，去縣三里。冢四方，方各十步，高七尺，上平，處平地。漢哀帝建平元年，大司空（御）史（御）長卿案行水災，因行湯冢。」《史記‧殷紀注又引括地志》云：「薄城北郭東三里平地有湯冢。按在蒙，即北薄也。」《水經注》：「劉向言殷湯無葬處為疑，杜預曰：『梁國蒙縣，北有薄伐城，城中有成湯冢。』今城內有古冢方墳。疑即所謂湯冢也。」（三）河南省洛陽市偃師市。《史記‧正義引括地志》云：「又云洛州偃師縣東六里有湯冢，近桐宮，蓋此是也。」《寰宇記》云：「在偃師縣東北八里山上。」按：湯都西亳，即今偃師，死後也葬在這裡。湯王冢位於山化鄉藺窯村西南約 1.5 公里處。冢高原 5 公尺多，略呈正方形，東西長約 20、南北寬約 17 公尺。〔註 1〕（四）在山西榮河縣北，俗稱湯王陵，《文獻通考》：「殷湯葬汾陰，太祖乾德四年，詔給守陵五戶。」《古今圖書集成引平陽府志》：「商湯王陵在榮河縣北四十里百祥村西，元癸末歲淪於汾河，以石柩遷葬焉。」（五）《歷代山陵考》謂湯

────────────

〔註 1〕 1992 年修《偃師縣志》，第二章、古陵墓，生活、讀書、新知，北京：三聯書店出版，頁 686。

塚在曹縣放太甲處。按《古今圖書集成引兗州府志》：「湯陵在曹縣南十八里，土山之顛，陵前有廟，祀成湯，以伊尹、萊朱配。」（六）《史記・秦本紀・正義引括地志》：「雍州三原縣有湯陵，又有湯台，在始平縣西北八里。」（七）在安徽亳縣。《清一統志》：「古之言湯陵者凡三：《皇覽》謂在濟陰亳縣，《括地志》謂在薄城，又云在洛州偃師縣皆以湯所常都處言之〔註2〕，隋文帝始祀湯於汾陰，唐去汾陰而祀偃師。宋還立於汾陰立祠廟，後遂為故事云。」

太甲葬歷城，《史記・殷本紀》不載。《後漢書・郡國志注皇覽》曰：「太甲有塚在歷山上。」

《後漢書郡國志》注引《帝王世紀》：狄泉本殷之墓地，在城中東北，今城中有殷王塚是也。

太戊葬相，《史記・殷本紀》不載。《文獻通考》：「太戊葬大名內黃縣東南。」《古今圖書集成引大名府志》：「內黃縣西南二十五里亳城，東有中宗陵，陵高丈五尺有奇，壞圯數十丈，宋開寶間樹碑。」按《書》：「殷有三亳：蒙為北亳。偃師為西亳。穀熟為南亳。竝：殷故都是為北亳，中宗陵寢在焉。」〔註3〕

古商都，位於內黃縣城西南12公里的亳城。商太戊、河亶甲、祖乙三位王，均在這裡建都，歷時約86年。商中宗太戊的陵墓在亳城東1公里的次範村。對這兩處遺址，《內黃縣志》有古詩八首。從詩中可以看出，古商都和中宗陵，在若十年前是古柏森森，碑碣林立，騰騰古風，幽幽王氣的聖地。《縣志》上有關「諭祭中宗陵」的記載很多，每換一個朝代，都要委派大臣來祭，地方官吏春秋至祭，更是隆重非凡。《縣志》還記有「商中宗陵，在內黃縣城西南12公里次範村。陵高一丈五尺有餘，環繞數十丈許。廟在陵後，正殿五間，傍有碑亭，廟門二重，前有豐碑。」宋太祖開寶七年（公元974年），所立《大宋新修商帝中宗廟碑銘并序》，是翰林梁周翰撰文。文中說：「按〈商本紀〉：帝太戊，契二十一代孫，帝雍己之弟……」此碑總高近6公尺，碑身3.5公尺，寬1.7公尺，碑文850個字，清晰可辨，為省級文物保護單位。陵地兩公尺深處有黑土文化層，有商、周時期灰色陶片。現在這一帶還有許多有關古

〔註2〕商朝都城常稱為亳，南亳在河南商丘縣東南，湯初都於此。西亳在河南偃師縣西，亦曰尸鄉，又名殷，《書・序》：「自契至于成湯八遷，湯始居亳，從先王居。」又：「盤庚五遷，將治亳殷。」《通典》：「成湯居西亳。至盤庚又自河北徙理於此。」北亳在河南商丘縣北四十里大蒙城，又名蒙亳、景亳，漢置薄縣於此。
〔註3〕中國古書均以殷中宗為太戊，與甲骨刻辭中宗祖乙不同，此處引古書、府縣志所載之殷中宗或為太戊？

商都與中宗陵的故事傳說。〔註4〕

　　殷中宗陵：《通志》謂中宗陵在城（今老城）東。考商自湯遷西亳，外丙，仲壬、太甲、沃丁、大庚、小甲、雍己、太戊皆都於此。其陵墓皆當在偃，惟為太戊為中興名主，故稱中宗，《通典》特著之耳。〔註5〕

　　河亶甲葬地有三說法，按《史記・殷本紀》不載。（一）相（河南內黃），內黃縣有殷城，商河亶甲居相築此，內黃有商中宗陵，疑係河亶甲陵。（二）洹水，《古今圖書集成引河南通志》：「商王河亶甲陵在彰德府城西北洹水南涯。」（三）湯陰，《彰德府志》：「河亶甲陵在湯陰縣北五里，舊志府城西北有開元寺，寺後有河亶甲冢，在洹水南，未詳孰是。」亶甲后墓在洹水亶甲冢西南，即俗稱黃堆冢也。舊曰皇后冢，譌為黃堆，因名其村。

　　武丁葬商水，《史記・殷本紀》不載。《文獻通考》：「武丁葬陳州西華縣北。」《古今圖書集成引開封府志》：「高宗陵在西華縣北長平鄉。」陵前有宋王汾碑記。

　　殷諸王陵，《史記・殷本紀》不載。《帝王世紀》：「狄泉本殷之墓地，在成周東北今城中，有殷王冢是也。」

　　《古今圖書集成引河南府志》：「殷王冢在成周東北故洛陽城中。」

安陽侯家莊，武官村殷代王陵墓葬分佈圖

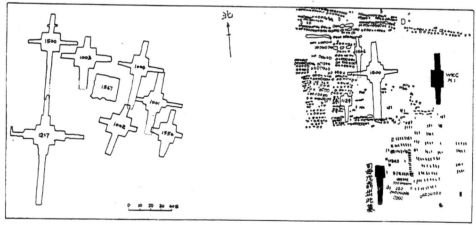

□……1949 年以前發掘　■……1950 年以後發掘　○……1950 年以後探明未掘
圖取自 1990 年修《安陽市郊區志》，頁 309。

〔註4〕安陽市旅遊協調小組編：《古都安陽》，鄭州：河南人民出版社，頁 66；並見1993 年修《內黃縣志》，頁 577。

〔註5〕1992 年修《偃師縣志》，北京：三聯書店，1992 年，頁 692。

一、殷王陵

殷王陵區。從小屯殷王宮區北渡洹河，到西北岡、前小營、武官村、侯家莊一帶，便是殷代王陵區。分東西兩區。先後發掘出十一座殷王大墓。西區七座全是帶四個墓道，東區四座，其中有一座帶四個墓道，其它三座為南北向兩個墓道。王陵佔地面積都很大，有的竟達一千多平方公尺。其中一座王陵，編號為 1001 號，呈「亞」字形，墓門南北長 18.9 公尺，東西寬 21.3 公尺，深 10.5 公尺。四面帶四個斜坡墓道，東西墓道均長 11 公尺，南墓道長 30.7 公尺，北墓道長 19.5 公尺。墓室底部四角有四個殉葬坑，每坑埋一個侍衛和一狗一戈。槨室頂部殉奴隸 11 人，墓道中發掘無頭屍 61 具，人頭 73 個。此墓曾被盜過，但仍出土有銅鼎、銅戈、銅瓿等不少隨葬品。1950 年春發掘的武官村大墓，呈「中」字形。墓口南北長 14 公尺，東西寬 12 公尺，深 7.2 公尺。南墓道長 15.6 公尺，北墓道長 15.55 公尺。墓室和墓道內有 79 個殉葬人和 61 具殉葬禽獸的遺骨，此墓也曾被盜過，但還出土有著名的虎紋石磬等文物。在這座大墓的附近，發現有 27 座陪葬坑，共埋 207 個殉葬人，這是隨主人安葬時，有計畫地一次殺殉的奴隸遺骨。

二、大型祭祀場

1950 年春在殷墟武官村發掘了一座大墓〔註6〕，墓內出土有貝、玉、綠松石、骨器、虎紋石磬和大量的青銅器。墓內還殉葬 79 個奴隸。大墓南側還有一人推祭祀坑。〔註7〕

大型祭祀場。1976 年春，在殷王陵區的東部，發現一個大型祭祀場。在 4700 平方公尺的範圍內，共發現 250 座祭祀坑，在清理的 191 個坑中，殺殉奴隸有 1178 人。這些祭祀坑，大部分南北向，少部分為東西向，共 22 組。同排坑之間的距離、方向、深度和骨架數目，基本上是相同的。南北向的坑中，多為男性青壯年，每坑有 8～10 人不等。東西向的坑中，絕大多數為女性，還有未成年的兒童。成年奴隸是處死後埋進坑中的，少年和幼童大部分是活埋的。在這裡發掘的除奴隸祭祀坑外，還有象、馬、豬、狗、鷹等禽獸祭祀坑。

奴隸主是非常重視祭祀活動的，他們迷信神鬼，往往把祭祀當作國家大事

〔註6〕郭寶鈞：〈一九五〇年春殷墟發掘報告〉，《考古學報》，第五冊，1951 年。
〔註7〕中國社會科學院考古所安陽隊等：〈安陽殷墟奴隸祭祀坑的發掘〉，《考古》，1977 年 1 期。

來進行。據甲骨文中有關人祭記載，殺殉奴隸就有 13052 人。另外還有 1140 條卜辭未記人數。這種人祭和人殉現象，說明在奴隸社會裡，奴隸主是把奴隸當作「會說話的畜生」看待的，他們享有生殺予奪的特權，而且強迫奴隸死後也得做他們的奴僕。

現在祭祀坑的場地上，蓋了一座祭祀坑保護房，內有四排坑穴，供遊人參觀。

三、后母戊鼎

原稱為司母戊鼎。1962 年台灣大學中文系教授金祥恆先生發表《釋「后」》一文，考證應為后母戊。因其鼎腹、內壁著有銘文「后母戊」三字而得名。1939 年春，在殷王陵區有一個重大的發現，就是「后母戊」大方鼎的出土。它是當今世界上出土最大最重的青銅器，也是世界著名的藝術珍品。鼎高 133 公分，長 110 公分，寬 78 公分，重 875 公斤。出土自甲字形大墓（84AWBM260）〔註8〕大鼎腹內壁有「司母戊」三字銘文。據分析，「母戊」是武丁妻妾婦妌的廟號，該鼎可能為祖庚或祖甲為祭祀母親而鑄造，中國國家博物館於 2011 年改為「后母戊」，但學界仍存普遍爭議。此鼎體以雷紋為地，上有龍紋蟠繞，莊重雄偉，紋飾秀麗。經化學分析鑑定，后母戊鼎是由銅、錫、鉛三種金屬熔鑄而成的青銅合金，說明三千多年前，商代的冶煉技術已有相當高的水準。

附帶一提：1975～1976 年，作者謝敏聰因編《中華歷史圖鑑》（台北：聯經出版公司，1978 年，封面書名為張大千先生題款）之需要，曾多次到金祥恆教授的研究室向金教授借閱翻拍日本人留下的藏書，如濱田耕作《貔子窩》（1928 年）、原田淑人《（渤海國）東京城》（1939 年）、原田淑人《（元）上都》（1941 年），承蒙金教授慨允借閱翻拍，《中華歷史圖鑑》始能編成，敏聰在《中華歷史圖鑑》的〈後記〉中曾銘謝金祥恆教授。

四、鑄銅遺址

鑄銅遺址。鑄銅、燒陶、剌骨，被稱為商代的三大手工業。在殷墟發現許多手工業作坊遺址，其中有名的是鐵路苗圃北地鑄銅遺址。1959 年至 1960 年在這裡發掘的總面積約一萬平方公尺以上。

〔註8〕 中國社會科學院考古所安陽隊：〈殷墟 259、260 號墓發掘報告〉，《考古學報》，1987 年第 1 期。

這個鑄銅遺址，發掘出許多用夯土築成的房基。有一所雙間式的房基，東西長 8.1～8.2 公尺，南北寬 3.6～4 公尺，牆厚 0.5 公尺。這座房子中間還有夯築的隔牆，使之成為一大（東）一小的兩間。東室南牆開設一門。每室南面正中都放有一塊柱礎石，為立柱支撐房頂之用。迎門外還有一個瓢形灶坑。這所房基的附近還有不少單間的房基。有些房基面上和它們的周圍，還堆有許多坩鍋、陶范以及其它鑄銅的碎片。發掘出的坩鍋有兩種：一種是容積比較大，直徑 83 公分，厚 4～5 公分，壁胎是用草拌泥築成的，另一種是容積比較小，大口尖底，俗稱「將軍盔」，一次約可熔銅十多公斤。鑄造器物，種類繁多，有的形體高大，花紋細微，工藝技術水準很高，令人讚嘆不已。

從殷墟出土的文物來看，屬青銅的有鼎、鬲、甗、爵、觚、盤、壺、盂、瓿、角、尊、方彝、三連甗等等，總共有幾千件之多。兵器、生產工具和飲食用具等種類都有增加，並且開始鑄造車馬器。

五、後岡遺址

後岡遺址，位於洹河的河灣處，西、北、東三面沿洹河，南鄰高樓莊。是殷王宮區東南的一處岡地。1931 年開始發掘，1949 年前共發掘過四次，1949 年後又發掘多次。後岡地下情況基本考察清楚。

首先發現了三層文化遺蹟。經發掘，後岡上一層是白陶文化，即小屯文化；中層是黑陶文化，即龍山文化；下層是彩陶文化，即仰韶文化。在這發現之前，考古工作者只知道中國在石器時代，有白陶、黑陶、彩陶文化，但誰先誰後，一無所知。在這裡發掘知後，才知道仰韶在先，龍山居中，小屯在後，確切無疑地表明了三層文化的先後疊壓關係。

1949 年前對後岡第三、四次地發掘，還發現了一堵版築土牆和一個殷代大墓。土牆寬 2～4 公尺，長 70 多公尺。殷代大墓為奴隸主貴族墓，被盜過兩次，但還發現殉葬人頭 28 個，陶、石、玉、銅、骨、蚌、貝器、車馬飾件及獸形石雕等不少隨葬品，由於這個大墓地發掘，使考古工作者推測到安陽可能有殷王陵墓，於是促成了以後的殷王陵區的發現。

1958 年至 1959 年，又在後岡發現了一個殺殉坑，內有人骨架 54 具，分上下兩層，下層 29 人，上層 25 人，皆為少壯男性。骨骼上多染有紅色，隨葬品有銅器、陶器、貝和絲、麻織品、粟粒等。這也是商代奴隸主貴族留下的罪證。

1979 年春，在後岡又發掘了 600 平方公尺，發現房屋基址 38 座，都是地上建築，排列整齊，建築方法不一，有的房屋牆壁是用黑色或黃色土坯壘起來的，房基內多數有白灰地面，為了解河南龍山文化房屋的建築方法提供了新的資料。同時還發現一個圓形房基內飾木質地板，用經過加工的木條，做成的圓形地面。地板的中心，還有一個圓形灶坑，地板下還發現有經過燒烤過的一層薄薄的紅土面。這在龍山文化中還是第一次發現的。這次發掘，出土器物絕大部分是陶器，多達一千多件。其中還發掘一些農具和一個骨梭。所以有人認為，牛郎織女的神話傳說，可能是對這個開始進入父系氏族時期的男婚女嫁、男耕女織的社會生活的反映。〔註9〕

六、婦好墓

婦好墓，位於小屯村北偏西 100 公尺處。1976 年春，在殷墟宮殿區附近，發掘出一座中形的王室墓。婦好是武丁時的一員女將，武丁的配偶中有諡號「妣辛」的，墓主就可能是婦好本人。對探討商代奴隸主階級的禮制、訂證殷墟大墓及青銅器的年代、研究商代社會歷史具有非常重要的價值〔註10〕，也是在殷墟發掘的唯一保存完好的殷代王室墓葬。

婦好墓室為長方形。墓口南北長 5.6 公尺，東西寬 4 公尺，上下深 7.5 公尺。在距墓口 6.2 公尺處，東西兩壁設有壁龕，龕中放有殉葬人。墓穴底部的四壁有熟土兩層台，南壁兩層台上有圓木數根，圓木兩端分別與東西兩邊的兩層台相接，由南而北並排鋪成槨室頂蓋。槨木上黏有紅黑相隔的色彩，木棺表面有紅、黑兩色的漆皮。墓底有腰坑一個，埋有殉葬人、狗各一。墓口的上面建有一座享堂，從基址看和墓口大小接近，其平面為長方形。南北長 5.5 公尺，東西寬 5 公尺。堂基面經過夯打，厚 25～40 公分。堂基面上排列有比較規整的柱洞，柱洞的底部有卵石座為柱礎。在柱洞的外側，還有成行的挑檐柱柱穴。

據發掘統計，婦好墓中有殉葬人 16 個，殉葬狗 6 條。隨葬物品達 1928 件（貨貝除外）。其他各類隨葬品均是在回填封土時，分六層埋入墓穴的。計有陶爵、玉臼、玉圭、銅器、骨鏃等。越接近槨室，則每層中放置的器物也

〔註9〕 安陽旅遊協調小組編：《古都安陽》，鄭州：河南人民出版社，1987 年，頁 32
　　　　～37；並見 1990 年修《安陽市郊區志》，頁 308～311；並見唐際根：《殷墟
　　　　——一個王朝的背影》，北京：科學出版社，2009 年。
〔註10〕 中國社會科學院考古所：《殷墟婦好墓》，北京：文物出版社，1980 年。

越多。468 件青銅器和其他物品，大多放在棺椁之間，有規則地分層置於木棺地四周。755 件玉器和 6800 多枚貨貝，則大部分墓主人的貼身部位。從婦好墓中發掘的殉葬品中，還有石器 63 件，寶石製品 47 件，骨器 564 件，蚌器 15 件，象牙器 5 件。而且有很多的器物上都刻有銘文，也是迄今唯一能與甲骨文和歷史文獻聯繫在一起的商代王室墓葬。從婦好墓中出土的這些異常精美的珍貴文物，是三千多年前的藝術瑰寶。

婦好為殷王武丁之妻，她的名字在武丁時期的卜辭中常見。據卜辭記載，她曾主持過一些重要的祭祀活動，並多次率兵去征伐夷方、土方、羌方、舌方、巴方等國。其中有一片卜辭上，記述了婦好在征伐羌方的一次戰鬥中，曾統帥了一萬三千人的龐大隊伍，也是迄今所見商代在征伐周圍方國中，用兵最多的一次。這足以說明，婦好在武丁時期是一個很了不起的女將軍。

婦好墓中精美的銅器、玉器等，反映了商代手工工藝的發展成就，也是深入探討當時社會分工和生產力發展水準的重要依據。出土的玉石人像，對於研究商代人種、服裝款式、階級關係等方面，提供了寶貴的資料。那些玉雕動物形象，對於研究當時的生態學和殷人的生活方式，也提供了可靠的資料。

20 世紀學術史意義上的中國帝王陵考古是從河南安陽殷墟王陵發掘開始的。從 1928 年至 1937 年十年之間，中央研究院歷史語言研究所考古組在殷墟遺址共進行了十五次發掘，其中與殷王陵考古有關的計三次。它們分別是 1934 年 10 月至 1935 年 11 月的第十次發掘、1935 年 3 月至 6 月的第十一次發掘、1935 年 9 月至 11 月的第十二次發掘。這三次發掘於洹北侯家莊西北岡確認了殷王陵區，陵區被分為西區和東區。考古學家梁思永先生在西區發現了帶條墓道的大墓（稱「亞」字形大墓）七座，於東區發現了帶四條墓道的大墓一座，帶兩條墓道（稱「中」字形）的大墓兩座。〔註 11〕從此，考古界基本確認了「亞」字形大墓至少從商代開始即成為中國最高統治者的墓制，而且由「亞」字形、「中」字形、「甲」字形（帶一條墓道）、「口」字形（不帶墓道）等不同形制的大墓所建構起來的墓葬體制已成為統治階級內部區分死者身分高低的重要標誌。目前看來，以「亞」字形所代表的墓葬禮制可能歷商、西周、東周、秦、西漢幾個王朝。在大多數情況下，它都成為掌握國家最高權力的地王所獨佔的葬制。殷代王陵、陵區附近大量豎穴小墓

〔註 11〕梁思永遺稿、高去尋輯補：《侯家莊第二本 1001 號大墓（上、下）》，台北：中央研究院歷史語言研究所，1963 年。

包括大墓中殉人的發現，為探討殷商社會的性質和推進對中國早期文明型態的研究提供了極其珍貴的資料。〔註12〕

對於西北岡九座大墓（包括未修成的一座）的墓主人，考古界多位專家做過推測。美國密歇根大學的V・凱恩女士對每一座大墓可能屬於哪一代甚至某些墓可能是屬於某王做了研究。她推測，M1443可能是盤庚的墓，M1500可能是小乙的墓，M1001可能是武丁的墓，M1003可能是帝乙的墓等等〔註13〕。楊錫璋認為，尚未完工的M1567是帝辛的陵墓，帝辛墓未修成即亡國身死，故沒能埋入此墓內〔註14〕。曹定雲考定M1001墓主是為武丁〔註15〕。張光直主張，殷代全部王陵——從盤庚至帝乙——都集中在西北岡，其中武丁、廩辛、康丁、文丁四王在東區，盤庚、小辛、小乙、祖庚、祖甲、武乙、帝乙七王在西區，而西區中之M1001為時代最早的盤庚之墓〔註16〕。但楊錫璋、鄭振香等以為，這批大墓中沒有屬於殷墟文化第一期即武丁之前的盤庚、小辛和小乙的陵墓〔註17〕，因此，曹定雲提出殷墟後岡大墓是為殷代初期的王陵〔註18〕。

後岡遺址位於洹河南岸，西北距小屯村約1.5公里。這裡先後發現過五座大墓和一批中、小型墓，五座大墓按期形制和大小又可以分成兩個墓道的「中」字形大墓和一個墓道的「甲」字形墓兩個級別，前者包括M32、M48、M48東和1933年大墓，後者為M47。曹定雲認為，武丁時期，作為禮制重要組成部分的喪葬制度正處在變化過程中，在武丁以前，王陵平面結構不做「亞」字形，而是「中」字形，如後岡大墓中規模最大的1933年大墓，其平面雖作「中」字形，但槨室為「亞」形，這種槨室在殷墟只有王陵才能使用，為此，它代表了殷王陵由「中」字形向「亞」字形過渡的中間形態。該墓早

〔註12〕賀雲翔、郭怡：《古代陵寢・前言》，北京：文物出版社，2008年，頁3。

〔註13〕V ・ KANE ARE-EXAMINATION OF AN-YANG ARCHAEOLOGY, ARE ORIENTALIS 10, 1975。轉引自《殷墟的發現與研究》第111頁，北京：科學出版社，1994年版。

〔註14〕楊錫璋：《商代墓地制度》，《考古》，1983年第10期。

〔註15〕曹定雲：《論殷墟侯家莊1001號墓墓主》，《考古與文物》，1986年第2期。

〔註16〕張光直：《殷禮中的二分現象》，《慶祝李濟先生七十歲論文集》（上冊）第361頁，台北，1965年；曹定雲：《殷代初期王陵試探》，《文物資料叢刊》，第10輯，1987年；張光直：《殷墟5號墓與殷墟考古上的盤庚、小辛、小乙時代問題》，《文物》，1989年第9期。

〔註17〕楊錫璋：《安陽殷墟西北岡大墓的分期及有關問題》，《中原文物》，1981年第3期；鄭振香：《殷墟婦好墓》，北京：文物出版社，1981年版，頁229。

〔註18〕曹定雲：《殷代初期王陵試探》，《文物資料叢刊》，第10輯，1987年。

年已被盜，但從殘存的遺物推斷，其隨葬品有鑲金的貴重器物、完整的車具、精美的立雕石獸和大量的金銅、玉石、骨器等，豐富和精緻程度並不遜於西北岡大墓。後岡作為王陵區，在盤庚、小辛、小乙看起來是比較理想的，「離王宮很近，處於王宮東南洹濱之高岡上。但該地範圍狹小，小乙墓已近洹河，向北沒有更多的發展餘地」。商王武丁是一位有作為和有遠見的君王，「他把目光轉向洹河北岸，看中了……西北岡，這是一片相當開闊的高地，有充分的發展餘地，隔河與王宮遙遙相對，是理想的王陵區」〔註19〕，此後包括他本人在內的歷代殷商國王都埋葬到了西北岡。同時，從武丁開始，殷代王陵墓室平面也由「中」字形發展成為「亞」字形，此後並且影響了中國千餘年的帝陵制度。但谷飛先生斷定，殷墟作為都城的起始年代不是盤庚而是武丁時期，為此，殷墟不可能有盤庚等前三王的陵墓，如果去掉盤庚、小辛、小乙三王及因亡國而來不及葬入王陵區的最後一個王帝辛，殷墟應該有八個王的陵墓，而西北岡夠得上帝陵規模的帶四條墓道的大墓恰好是八座，這絕不是偶然的巧合，應是歷史事實的再現，其中，M1001、M1550、M1400 三墓分別對應武丁、祖庚和祖甲三王，M1004、M1002、M1217、M1500 分別對應廩辛、康丁、武乙和文丁四王，M1003 和未完成的大墓 M1567 分別對應帝乙和帝辛〔註20〕。殷墟發現的王陵遺存和具體的殷代諸王之對應關係，可能還需要更多的資料和研究才可以有最終的結論。〔註21〕

紂王墓在鶴壁市淇縣西崗鄉河口村淇河大堤內。有墓冢 3 處，南邊大冢長 100 公尺，寬 25 公尺，高 12 公尺。乃紂王之墓。原在水泉下。故稱紂王窩。昔時冢前有巨碑一通，上書「紂王辛之墓」五個篆字。大冢北邊有 2 個小冢，乃姜皇后及蘇妲己墓。3 冢東側綠柳茂盛，淇水依傍而過。《舊縣志》稱「紂窩灘聲」為八景之一。有詩云：「不向高崗建王塋，卻來潭窩作佳城。波濤滾滾如雷吼，疑是當年咈諫聲」。即指此。〔註22〕

〔註19〕曹定雲：《殷代初期王陵試探》，《文物資料叢刊》第 10 輯，1987 年。
〔註20〕谷飛：《殷墟王陵問題之再考察》，《考古》1994 年第 10 期。
〔註21〕賀雲翔、郭怡：《古代陵寢》，北京：文物出版社，2008 年，頁 23～25。
〔註22〕1996 年修《淇縣志》，頁 805。

圖　版

安徽亳州市湯陵公園的商湯陵

此陵在東漢時代即有

河南洛陽市偃師市的湯王冢

湯王冢位於河南洛陽市偃師市山化鄉蘭窯村西南約 1.5 公里處。冢原
高 5 公尺多，略呈正方形，東西長約 20、南北寬約 17 公尺。

大宋新修商中宗陵碑（河南內黃）

商中宗陵井（河南內黃）

商中宗陵冢（河南內黃）

殷王陵大門

后（司）母戊鼎出土地標誌

殷代的石鴞

殷墟王陵 1001 號大墓出土，1923
年出土。中央研究院歷史語言研究
所藏。董敏先生攝。

牛鼎

殷墟王陵 1004 號大墓出土，1923 年出
土。中央研究院歷史語言研究所藏。董
敏先生攝。

后（司）母戊出土地

后（司）母戊鼎

北京中國國家博物館藏

殷墟 王陵區標誌

王陵區的陪葬車坑

殷王陵陪葬坑

殷王陵陪葬坑

殷王陵陪葬坑

殷王陵陪葬坑

傅斯年先生（左）在侯家莊挖掘工地

中央研究院歷史語言研究所藏

牛鼎鹿鼎出土的情況

中央研究院歷史語言研究所藏

中央研究院史語所在安陽田野工作情形

中央研究院歷史語言研究所藏

安陽殷王陵發掘中之古代盜掘坑

中央研究院歷史語言研究所藏

一〇〇二墓的大部份形制

中央研究院歷史語言研究所藏

一〇〇二墓之北墓道及墓坑北壁

中央研究院歷史語言研究所藏

殷墟婦好墓

殷墟婦好墓出土的玉人1軀

資料照片

殷墟婦好墓出土的玉人1軀

資料照片

殷墟洹水

《史記・項羽本紀》：「洹水南，殷墟上」。2000 多年前司馬遷明確指出殷墟在洹水南邊，今已由考古發掘證實，洹水南岸為殷墟婦好墓所在。洹河北岸則為殷王陵區。

毛澤東先生評價紂王碑　　　　　　　　碑

紂王墓碑

紂王墓

第五章　周朝陵寢

帝　系	姓　名	陵　　　　　地
		先　世
	姜原	（一）陝西省咸陽市武功縣南門外南？
		（二）陝西省咸陽市豳（彬）縣水北村？
		（二）山西省運城市聞喜縣？
	姬棄（后稷）	山西省運城市稷山縣？
	姬不窋	甘肅省慶陽市城東 1.5 公里東山頂。
	姬鞠	今地不可考。
	姬公劉	陝西省咸陽市豳（彬）縣龍高鎮土陵村。
	姬慶節	今地不可考。
	姬皇僕	今地不可考。
	姬差弗	今地不可考。
	姬毀隃	今地不可考。
	姬公非	今地不可考。
	姬高圉	今地不可考。
	姬亞圉	今地不可考。
	姬公叔祖類	今地不可考。
太王	姬古公亶父	陝西省咸陽市岐山縣東北祝家莊鎮岐陽村中心小學院內？
	姬季歷	陝西省西安市鄠（戶）縣（今鄠邑區，即豐邑）縣城西 1.5 公里玉蟬鄉陂頭村？

| 文王 | 姬昌 | （一）畢（陝西省西安市長安縣杜曲一帶）（在豐鎬遺址附近）？ 此據《史記·周本紀》。 |
| | | （二）陝西省咸陽市岐山縣周公廟遺址？ |

西 周		
武王	姬發	同上。
成王	姬誦	同上。
康王	姬釗	同上。
昭王	姬瑕	河南省鄭州市登封市少室山。
穆王	姬滿	陝西省西安市西南 1.5 公里（即古鎬東地）？
恭王	姬翳扈	（一）畢（陝西省西安市長安縣杜曲一帶）（在豐鎬遺址附近）？ 此據《史記·周本紀》。
		（二）陝西省咸陽市岐山縣周公廟遺址？
懿王	姬囏	陝西省咸陽市興平縣境內。
孝王	姬辟	今地不可考。
夷王	姬燮	四川省新繁縣西北。
厲王	姬胡	戾（一）舊說在山西省霍州市。
		戾（二）王國維考證在陝西省盩厔（周至）縣。此據《觀堂集林》。
宣王	姬靖	今地不可考。
幽王	姬湦	驪山（陝西省西安市臨潼區東 15 公里代王鎮宋家村）？

東 周		
平王	姬宜臼	（一）河南省洛陽市西工區周王城陵區。
		（二）平坵（河南省周口市太康縣金堆鄉）？
桓王	姬林	（一）河南省洛陽市西工區周王城陵區。
		（二）河南省三門峽市澠池縣東北 55 公里南村鄉桓王山上？
莊王	姬佗	河南省洛陽市西工區周王城陵區？
釐王	姬胡齊	河南省洛陽市西工區周王城陵區？
惠王	姬閬	河南省洛陽市西工區周王城陵區？
襄王	姬鄭	河南省洛陽市西工區周王城陵區？
頃王	姬壬臣	河南省洛陽市西工區周王城陵區？
匡王	姬班	河南省洛陽市西工區周王城陵區？
定王	姬瑜	三王陵（河南省洛陽市高新區王陵路周山森林公園，秦山之巔）？

簡王	姬夷	河南省洛陽市西工區周王城陵區？
靈王	姬泄心	（一）周山（河南省洛陽市高新區柏亭西周山）？
		（二）靈山（河南省洛陽市宜陽縣城關鎮靈山村靈山寺正殿）？
景王	姬貴	（一）翟泉（河南省洛陽市漢魏洛陽故城內）？
		（二）周山（河南省洛陽市高新區孫旗屯土橋溝村）？
悼王	姬猛	
敬王	姬匄	（一）翟泉（太倉在漢魏洛陽故城內）
		（二）周山（河南省洛陽市高新區孫旗屯土橋溝村）？
元王	姬仁	河南省洛陽市洛龍區白馬寺鎮金村。（孟津縣、平樂縣翟泉村、金村一帶）
貞定王	姬介	河南省洛陽市洛龍區白馬寺鎮金村。（孟津縣、平樂縣翟泉村、金村一帶）
哀王	姬去疾	河南省洛陽市洛龍區白馬寺鎮金村。（孟津縣、平樂縣翟泉村、金村一帶）
思王	姬叔襲	河南省洛陽市洛龍區白馬寺鎮金村。（孟津縣、平樂縣翟泉村、金村一帶）
考王	姬嵬	河南省洛陽市洛龍區白馬寺鎮金村。（孟津縣、平樂縣翟泉村、金村一帶）
威烈王	姬午	河南省洛陽市洛龍區白馬寺鎮金村。（孟津縣、平樂縣翟泉村、金村一帶）
安王	姬驕	河南省洛陽市洛龍區白馬寺鎮金村。（孟津縣、平樂縣翟泉村、金村一帶）
烈王	姬喜	河南省洛陽市洛龍區白馬寺鎮金村。（孟津縣、平樂縣翟泉村、金村一帶）
顯王	姬扁	河南省洛陽市洛龍區白馬寺鎮金村。（孟津縣、平樂縣翟泉村、金村一帶）
慎靚王	姬定	河南省洛陽市洛龍區白馬寺鎮金村。（孟津縣、平樂縣翟泉村、金村一帶）
赧王	姬延	（一）河南省洛陽市。
		（二）陝西省寶雞市隴縣北 1.5 公里？
		（三）湖南省岳陽市慈利縣？

先周、西周的先公陵、王朝陵址迄今（2023 年）無法確認，僅能從典籍記載、考古發掘，重建其陵址。

姜原葬武功：按《古今圖書集成引陝西通志》：「姜嫄墓，在乾州武功縣南

門外南去三百六十步，又西十步」武功，古斄國也。或言葬豳：姜嫄墓，在豳（邠、彬）縣城東5公里，涇河對岸水北村迤東。墓前有清乾隆年間豎立的墓碑，碑石上的題刻：「姜嫄聖母墓」五個大字，是畢沅寫的。更前，有水一潭，清冽可飲，水從岩石上邊流進潭內，澄澈有聲，因名「響潭」。潭的對面，有平地一區，傳說是昔日春秋致祭之處，俗呼「拜家凹」。

墓旁山坡上都是梨樹和柿子樹，枝葉青翠繁密，望之如車蓋，周圍景色如畫，是極好的遊憩處所〔註1〕。

后稷葬稷山：《史記・集解》：「《山海經・大荒經》曰：『黑水青水之間有廣都之野，后稷葬焉。皇甫謐曰，冢去中國三萬里也。』

按：《記纂淵海》卷二十三：「后稷墓，在絳州稷山南五十里。」。《山西通志》：「在縣東五十里。稷山碑誌，昔稷嘗躬稼於此。後薨，遂葬焉。」

不窋葬慶陽：按《清一統志》：「不窋墓，在慶陽府城東三里。元和志，在順化縣東二里。」《明統志》：「碑文剝落，上有片石，大書周祖不窋氏墓。」不窋死後葬於慶城縣城東山頂，歷稱不窋墓、不窋墳、不窋山、不窋陵。今縣政府重新整修，闢為公園叫「周祖陵森林公園」。歷史上，不窋墳旁建有「不窋廟」。縣城內也曾建有「周祖廟」，今縣城南街尚存明代修建的「周舊邦」木牌坊。牌坊座北向南，四柱三樓，施以斗栱，可能為周祖廟殿前建築。該坊在近代整修街道時，將柱下約1公尺埋在地下。1963年被甘肅省人民政府公佈為省級文物保護單位〔註2〕。

公劉葬豳：公劉墓在豳縣東40公里，土陵村南，涇河北岸的山谷之間。墓丘長1500公尺，丘壟高約50公尺，略呈梯形平面，至頂平坦。墓周佔地達500餘畝，南有涇水縈迴，山谷倒映，草色浮動；北為連綿不斷起伏隱顯的丘嶺與村落，就像是用一條線穿起來的珍珠似的逶邐動人；東、西兩旁是高山峻嶺，峰巒層疊，隔離天日，為天然的屏障。公劉墓因地形龐厚勢如蟠龍，因有「周墓蟠龍」之稱〔註3〕。

古公亶父葬岐山：周太王陵位於岐山縣祝家莊鎮岐陽村中心小學院內，地

〔註1〕陝西省文物管理委員會編：《陝西名勝古蹟》，西安：陝西人民出版社，1986年，頁155。

〔註2〕于俊德、于祖培：《先周歷史文化新探》，蘭州：甘肅人民出版社，2005年，頁39。

〔註3〕陝西省文物管理委員會編：《陝西名勝古蹟》，西安：陝西人民出版社，1986年，頁156。

勢為北高南低，坡度為 0～10 度，海拔約 690 公尺。

　　陵區屬山前洪積扇台塬溝壑地貌，其東和東南有三個水庫，東北有首陽山和西觀山，北有岐山（俗名箭括嶺）。

　　陵區氣候屬暖溫帶大陸性氣候，四季分明，年平均氣溫 12.1°C，極端低溫 -10°C，極端高溫為 40°C，年平均日照 2130 小時，年降雨量約 630 公釐，季節分配不均，7、8、9 月三個月降水佔全年降水量的 50%，並常伴有暴雨、連陰雨出現，極易引起水土流失。

　　陵區土質良好，土質肥沃，是重要的糧、油、果林區。溝壑水源豐富，利用率在 25% 以上，台塬以種植小麥、玉米、辣椒、蘋果為主，溝壑栽植刺槐，植被覆蓋率在 20% 以上〔註4〕。

　　季歷葬鄠（戶）縣：王季陵在 1982 年實際勘查，陵園南北長 113 公尺，東西寬 65 公尺，總面積為 7345 平方公尺。其中，陵基東西長 41.40 公尺，南北寬 31.80 公尺，面積 1052 平方公尺，護陵地 6293 平方公尺。陵封土呈圓丘型，底徑 30 餘公尺，高 12.21 公尺，為覆斗型陵墓，該陵地面建築，今已無存。冢南 300 公尺處有土闕一對，現呈圓丘形，底徑 8～13 公尺，高約 5 公尺。陵周圍有古柏 12 株，石碑 2 通。

　　1980 年春，農田基建中，在陵之西側，曾出土過大量的秦漢時雲紋瓦當。

　　歷史文獻記載，春秋以前的帝王，雖追求厚葬，但地面上並不起陵，即：「厚衣之以薪，藏之中野，不樹不封。」王季陵在《呂氏春秋》、《戰國策》等史書中均有記載，然而學界對此陵存有疑問。該墓雖未發掘，但就其形制即墓前的石碑、土闕等，對於研究中國古代帝王陵墓，仍具很高的歷史價值和科學價值。〔註5〕

　　周文王葬畢原：傳說中的周文王陵、周武王陵位於陝西省咸陽市渭城區周陵鎮的五陵塬。

　　周文王陵覆斗形，平面近似方形，底部邊長東西 97 公尺，南北 98 公尺，頂部東西約 43 公尺，南北約 36 公尺，高 14.5 公尺。墓葬形至為「亞」字形，在封土四面的中部各有墓道一條，平面均為梯形，北墓道長 97 公尺，其餘三

〔註4〕陝西省文物局、西安文物保護修復中心編：《陝西帝陵檔案》，第二章、西周帝陵，西安：三秦出版社，2010 年，頁 15。
〔註5〕陝西省文物局、西安文物保護修復中心編：《陝西帝陵檔案》，第二章、西周帝陵，西安：三秦出版社，2010 年，頁 18。

條墓道長 54～64 公尺。北墓道北部東邊緊連墓道發現一個長方形陪葬坑。陵基占地面積約 11000 多平方公尺，約 18 畝。封土保存完好，四面陵坡生長有柏樹，陵頂部有方形溝壕，為國共戰爭中所挖工事，南側有磚砌台階 69 級，陵前畢沅立有「周文王陵」碑、保護標誌各一通，在陵南 40 公尺處地下未經擾亂的地層中，曾出土戰國瓦當 2 件〔註 6〕。

據陝西省文物局 2008 年 2 月 28 日發佈:「周陵」考古調查勘探成果指出，位於陝西省咸陽市的周文王陵和周武王陵二陵墓，應是戰國晚期的秦國君王陵墓，並非學界傳統認為的周王陵墓。

據新華社的報導，「周陵」位於咸陽市渭城區周陵鎮北，包括南北兩座陵墓，屬陝西省重點文物保護單位，多年來，兩座陵墓一直相傳為周文王陵和周武王陵，而史學界關於「周陵」時代究竟是西周、戰國，一直存在爭論。

報導指出，2007 年陝西省考古研究院和咸陽市考古研究所，對「周陵」進行全面考古勘探，共發現六處建築遺址、廿七座外藏坑與一百六十一座陪葬墓，在綜合過去考古發掘資料與文獻記載後，專家初步認為，現所稱的「周陵」，應是戰國晚期某代秦王陵墓，而非傳說中的周王陵。

至於埋葬在「周陵」的是那位秦國君王，據《史記》有關秦陵的記載，以及清代《皇清經解》援引孫星衍的《畢陌畢原考》稱:「畢陌在渭水北，秦文王、武王之所葬，即今咸陽之陵，先諸書傳甚明、其誤自宋人始」等史料，這兩座陵墓可能是秦惠王陵和悼武王陵〔註 7〕。

至於真實的周陵有可能在陝西省咸陽市岐山縣周公廟遺址，自周太王古公亶父遷岐，至周幽王，計有 15 王，其中季歷葬鄠縣（今鄠邑區），昭王葬登封，穆王葬古鎬東地，夷王葬四川新繁，厲王葬盩厔，幽王葬臨潼，除此 6 王，計 9 王可能都葬於考古發掘的周公廟遺址，加上周公死後，周室為崇其功績，可能其墓像後來的唐朝一樣「號墓為陵」的尊崇，給予類似殷墟亞字形四條墓道最高等級。

陝西岐山縣周公廟遺址是迄今發現的西周最高等級墓葬群，大陸考古隊 2004 年 10 月 17 日起開挖，如果被盜情況不嚴重，將出土大量帶有銘文的青銅器，甚至可能發現周公或周王等文字資料，改變目前世人所知的周代歷史。

〔註 6〕陝西省文物局、西安文物保護修復中心編:《陝西帝陵檔案》，第二章、西周帝陵，西安：三秦出版社，2010 年，頁 24。

〔註 7〕台北:《中國時報》，2008 年 3 月 1 日，大陸新聞中心。

一、周公廟遺址重要程度　不亞殷墟遺址

北京晨報報導，陝西省考古研究所和北京大學聯合組成的周公廟考古隊，2004 年二月開始的周公廟遺址考古調查中，發現一處西周時期最高等級的大型墓葬群，22 座墓葬中，具四條墓道的高等級墓葬達十座、三條墓道、兩條墓道和一條墓道各四座，另有陪葬坑 14 座，規模遠大於以前所知的西周墓葬群。

大陸考古專家認為這些墓葬群的重要性，不下於 20 世紀初發現殷墟遺址。由於現有技術不足和文物出土難保存等原因，大陸新的文物法規定，各地不得擅自發掘王陵和墓群。此次周公廟遺址獲准挖掘近年來大陸國家文物局罕見的大規模發掘，批准原因是墓前的周代資料極為有限，發掘遺址對填補夏商周歷史具有意義。

北京大學考古文博學院教授徐天進表示，這是迄今為止發現第一座最高規格的墓葬群，其墓葬主人至少有「王級」，特別是周王或周公〔註 8〕。

宋・樂史《太平寰宇記》：「穆王陵在長安縣西南二十五里恭張村。」今定昆池遺址南，三會村與恭張村之間，有一大塚，或即穆王陵。又《臨潼縣志》謂：「幽王陵在縣東北二十里。戲水原上。」今日已難辨認。

西周陵寢在畢，本無問題，而畢原之地跨渭河南北，故周陵所在諸書互異。司馬遷《史記》、《皇覽》、魏土泰《括地志》，皆謂周陵在長安南畢原上。《括地志》又謂秦惠文王、悼武王陵在渭北，世俗謬呼為周文武陵。顏師古《漢書・劉向傳注》、樂史《太平寰宇記》、宋敏求《長安志》，皆謂周陵在咸陽北畢原上。自宋太祖乾德四年（九六六），詔咸陽縣於文、武、成、康陵，各給守陵戶（見《文獻通考》一二四卷），其後歷代祀典及碑碣，皆在咸陽。又據《清一統志》：「以《史記・周本紀贊》在今咸寧縣西南為是，而今咸寧縣西周遺址亦無考。」，總之周陵究在何處？終須待考古學家之發掘與證明。〔註 9〕

陝西寶雞市有村民，2012 年前在寶雞「石鼓山」中，發現一個古墓群。經古學家多年考證後，幾乎可以確定這個古墓群，主要下葬的是「姜太公」

〔註 8〕台北：《聯合報》，2004 年 10 月 19 日，大陸新聞中心。

〔註 9〕藍孟博著：《西安》，台北：正中書局，1957 年，第二章、周代的豐鎬，第三章、周代的陵墓，頁 15～17；又清・陶保廉撰：《辛卯侍行記》卷三，亦有同樣之討論。陶保廉認為渭北的文武陵，實在是秦惠文、悼武陵，文武周公葬畢，皆無丘壟。其致誤的理由是：一、人名地名相同。二、以祠為墓。三、以求文武丘壟不得。四、文字傳寫之誤。

的女兒「邑姜」。

　　《中國文化報》報導，石鼓山古墓群，在二〇一二年開挖後，發現了許多罕見的商代青銅器，不但發現許多商末周初的古文物，而且這些文物經過考證，都是當時的貴族才能使用，因此算是一次考古上的重大發現。

　　專家並發現，石鼓山古墓群中，最大的一座墓，呈長方形，深八公尺、寬四公尺，但只葬了一個人，而且從陪葬品中可以判斷，埋葬的人身分極其尊貴。專家進一步判讀出土青銅器上的銘文等資料，基本確定了石鼓山墓群主要埋葬的，就是姜太公的女兒「邑姜」。

　　歷史記載，「邑姜」也稱「王姜」，是周武王「姬發」的王妃，也是歷史上赫赫有名的「姜太公」姜子牙之女。〔註10〕

二、周昭王陵

　　昭王南征，死於漢水，葬河南登封市少室山陽城西谷。按《左傳》，昭王南征，不復，而登封乃有昭王陵，豈當時得返葬歟。《明一統志》：「在登封縣少室山陽西谷。」按明·嘉靖八年本《登封縣志》：「周昭王陵在縣西山西谷。」

　　夷王陵在四川新繁縣，按《古今圖書集成引四川通志》：「周夷王墓，在成都府新繁西北。」

　　厲王出奔彘而崩，因葬此（山西霍州市），顧炎武：《肇域志·山西》：「周厲王陵在山西霍縣。」

　　宣王陵不可考：按《咸陽縣志》：「宣王陵。明《兩朝從信錄》曰，洪武四年，在咸陽縣致祭。邑乘未載。畢原陵冢鱗集，不知所在。」〔註11〕

　　幽王被殺於驪山，葬陝西臨潼縣戲水原上。

　　明·祁光宗《關中陵墓志》：「周幽王陵在臨潼縣東北二十五里，高一丈三尺，周三百步。《西京雜記》云：廣川王發幽王冢及羨門多石堊撥除丈餘深乃得雲母尺餘，見百餘屍縱橫不朽，惟一男子餘皆女子或坐或臥，猶有立者豈兵亂後聚而瘞之乎！」

三、王城陵區

　　東周有 25 位天子，死後就安葬在洛陽附近和王畿之內，東周有 3 處陵區：

〔註10〕台北：《中廣新聞網》，2016 年 7 月 17 日。
〔註11〕施之勉：〈史記冢墓記〉，台北：《大陸雜誌》53 卷 5 期。

　　王城陵區：自平王至簡王 10 位天子，除桓王外皆葬於王城陵區。（二）周山陵區：靈王及之後的三位天子葬周山陵區。（三）金村陵區：敬王之後 11 位天子葬金村（成周）陵區。

　　赧王葬地傳有二：（一）陝西鳳翔縣（或陝西鳳翔）。（二）湖南岳陽縣。

　　位於洛陽市紗廣南路以東，西工區中心地帶。1957 年鑽探出 4 座東周墓，其形制特點是平面呈「甲」字形，一側為近方形的墓室，墓室周圍填充卵石和木炭以防潮防盜，另一側為墓道。發掘出的 1 號墓，墓室長 10 公尺，寬 9 公尺，距地表深 12 公尺許，南端的斜坡墓道長達 40 公尺；墓道和墓壙的壁上，都施紅、黃、白、黑四色的彩繪，葬具周圍積石積碳。此墓遭二次盜掘，殘存的隨葬品有銅質車馬器、玉器、鐵器和彩陶器，其中石圭還帶有「天子」墨書字樣。1949 年後在這些大墓附近還陸續發現銅器墓、編鐘墓、車馬坑和隨葬坑等。〔註12〕甲字形大墓，是王陵的陪葬墓。

　　2001 年 12 月至 2002 年春，洛陽市文物工作隊對位於該市第二十七中學附近的兩座東周大墓進行了發掘。其中一座為「亞」字形墓葬，墓室長 6.6 公尺、寬 5 公尺，有四條墓道；另一座為「中」字形墓葬，墓室長 5.8 公尺、寬 4.2 公尺，有兩條墓道。

　　報導說，「亞」字形大墓是迄今為止中國發現的東周早期級別最高的墓葬。此前，在距「亞」字形大墓僅幾公尺遠的地方，還發現了一座車坑和一座馬坑，在車坑中發現了 53 個車輪的殘骸。在馬坑中發現了 56 匹馬的殘骸。

　　兩座大墓中棺槨及墓主屍骨已難覓，考古人員在兩座墓中清理出 200 多件青銅器、玉石器、蚌器等，這些器物的做工較粗糙，說明當時國力已經衰微。

　　在「亞」字形大墓中出土的一個破損的青銅鼎的內部，發現了一個「王作寶障彝」的銘文，考古專家斷定「亞」字形大墓是春秋早期一位天子的墓葬，並根據春秋早期天子在位情況，推測該墓的墓主最有可能是東周第一代天子周平王；「中」字形大墓應是東周時期的貴族墓葬。〔註13〕

　　洛陽市第 27 中學「亞」字形大墓以及 2002 年 10 月王城廣場駕六車馬陪葬坑的發現，可以確定東周王城內的東半部為王城內部的陵區，在這一區域先後發現的 10 餘座帶有墓道的大型墓葬，有些極有可能為當時的天子之墓。但是限於發掘資料的匱乏，除了洛陽市第 27 中學的「亞」字形大墓能夠確認為

〔註12〕《洛陽市志・文物志》，鄭州：中州古籍出版社，1995 年，頁 78。
〔註13〕台北：《中國時報》，2003 年 6 月 26 日引中新社報導。

東周初年的天子墓葬外，尚無法確定其他墓主人的身分。〔註14〕

　　這批帶墓道大型墓葬的主人當為東周國君或其直系親屬的陵墓。西郊一號大墓出土帶墨書「天子」石圭，二十七中學的「亞」字形大墓出土「王作寶障彝」等文物。東周文化廣場發現的「天子駕六」車馬坑均可證明這一情況。

　　從這些大墓分佈的情況和時代來看，亞字大墓和中字形大墓僅分佈在東周王城的東牆外，均屬春秋早期，這表明到春秋中晚期至戰國，亞字形大墓和中字形大墓等多墓道大墓已被單墓道甲字形大墓所取代。這是東周王室喪葬制度的發展變化。〔註15〕

　　「天子駕六馬」考古遺存的發現，從而也認定了位於洛陽東周王城東部的大型東周貴族墓地就是東周王陵陵園遺址，應該說這是中國考古史上繼安陽殷墟王陵之後又一處被確認的早於秦始皇陵的中國帝王陵園遺址。

　　2006年3月，考古工作者繼2002年在洛陽東周王城東周王陵陵園遺址發現「天子駕六」車馬坑之後，又在該王陵陵園遺址內發現另一座東周晚期「天子駕六」車馬坑，共發現車馬三輛，駕六者一輛，駕二者兩輛。據報導，此次發掘的車馬坑一共有兩座，座北向南，中間有土牆隔開。位於北邊的車馬坑長約4.5公尺、寬不足4公尺、深不足2公尺，內有一車六馬——車衡下有兩馬，車轅兩側各有兩馬，保存現狀好於天子駕六博物館的「駕六」。南邊的車馬坑長6公尺多、寬3.5公尺左右，深度和北邊的坑相同，裡面有兩輛車，均是一車兩馬。除南邊一車的兩馬前半身、車衡、車軛遭到破壞外，兩車其於部分保存都相當完好」在東周王陵遺址內「駕六」乘輿連續被發現，充分證實了文獻記載的古制周天子「駕六馬」是客觀存在的。〔註16〕

四、周桓王陵

　　周桓王陵：《太平寰宇記》：「葬河南澠池縣東北一百二十里」。

　　《古今圖書集成引河南府志》：「桓王陵在澠池縣北百二十里，北枕黃河，古木森列，宋乾德中禁樵採，後為金人伐去。」

〔註14〕洛陽市文物管理局：《洛陽大遺址研究與保護》，北京：文物出版社，2009年。

〔註15〕吳迪、李德方：《東周王城內外大墓與東周王陵》，載洛陽歷史文物考古研究所編：《河洛文化論叢》，北京圖書館出版社，2008年。

〔註16〕葉萬松、韋娜：〈周禮：「天子駕六馬」——洛陽東周「天子駕六」車馬坑的發現及其意義〉，載洛陽歷史文物考古研究所編：《河洛文化論叢》，北京圖書館出版社，2008年。

桓王山位於澠池縣北南村鄉，高 731 公尺，（公元前 719～前 696 年）死後葬此山頂，故稱桓王山。墓高 10 多公尺，周長 200 公尺，黃土封頂，善長草木，每年深秋草長，碧株不衰，「桓王秋草」為澠池八景之一。

五、洛陽周山陵區

周山陵區：《史記・集解》：「靈王冢在河南城西南柏亭西，周山上。」又「其冢民祀不絕。」

周靈王陵：《水經注・洛水》：「洛水故瀆逕周山，山上有周靈王冢。」《皇覽》云：「周靈王葬於河南城西南，柏亭西周山上。」《文獻通考》：「周靈王葬河南城西柏亭西周山上。」即在今土橋溝村西南，陵高 38 公尺，直徑 115 公尺。

周三王陵：《水經注・洛水》：「洛水，又東北流逕三王陵，陵東有石碑，錄赧王以上周王名號。傳為景王、悼王、宗干陵。魏司徒公崔浩《西征賦》以為宗干當為敬王」。疑此三冢當為悼王、敬王、赧王之陵，在今二山村西周山上。中間一座最大，高 34 公尺，直徑 75 公尺。相傳民國年間盜掘出有銅盤、銅鼎等。

此處現存上冢 4 個，其中 3 個相依的上冢居東，俗稱「三山」，向西 750 公尺處有一孤冢。「三山」以中間的一冢最高，直徑 75 公尺，高 34 公尺，東側的一冢直徑 65 公尺，高 30 公尺，西側的一冢直徑 51 公尺，高 26 公尺。此「三山」為周「三王陵」。據歷代傳說，這裡為敬王、悼王、定王的陵墓。「三山」以西的孤冢巍峨高聳，雄偉異常；直徑約 115 公尺，高近 50 公尺，是人稱其為周靈王陵。曹魏時編撰的《皇覽》一書記載：「周靈王葬於河南城西南柏亭周山上」。河南城即漢時河南縣城，在東周王城區域內。清乾隆年間，洛陽知縣龔崧林曾於冢前立「周靈王陵」墓碑。

在河南洛陽市高新區西南十里秦山之顛有三王陵。《水經注》：「三王，周景、悼、定也。」周室政弱人荒，悼、敬二王與赧王俱葬於此，故世以三王名陵。

六、金村陵區

位於洛陽市老城東北 18 公里許的漢魏洛陽城北端，是東周成周城所在地，也是周王的另一陵區。至敬王時為避亂即遷下都，下傳十一王，歷 205 年，皆以下都為都，為東周最末王赧王復又遷王城。因此，自敬王迄慎靚王，

均應葬下都即金村及古翟泉一帶。1962 年考古工作者在這裡探出一座長 19 公尺，寬 14 公尺，深 12 公尺的大墓。墓道長達 60 公尺，大墓的周圍另有 20 餘座大小墓葬，還有陪葬的車馬坑。《後漢書・郡國志》有注：「太倉中大冢，周景王也」。《皇覽》記：「景王冢在洛陽太倉中，秦封呂不韋洛陽十萬戶，故大其城，圍景王冢也」。《水經注》記：「翟泉在洛陽東北，周王墓地，悼王葬景王於翟泉，今洛陽太倉中大冢是也」。史載威烈王的陵墓也在金村一帶，《水經注・洛水》云「周威烈王葬洛陽城內東北隅，景王冢在洛陽太倉中，翟泉在二冢之間」。民國年間在金村陵區曾出土過一批東周大墓。由於是盜掘，墓葬形制和出土文物種類、數量雖缺乏可靠的紀錄，但從文獻資料及出土器物來看，應為東周時期的王陵區無疑。

周景王陵：《太平寰宇記》：「景王葬於翟泉，魏晉洛陽城太倉之北。」《皇覽》：「景王冢在洛陽太倉中，秦封呂不韋洛陽十萬戶，故大其城，並圍景王冢也。」《水經注・穀水》：「翟泉在洛陽東北，周之墓地，悼王葬景王於翟泉，今洛陽太倉中大冢是也。」考陵在金村東，漢魏故城東北角。1928 年，天主教聖公會在中國的加拿大傳教士懷履光（William Charles White）〔1873～1960〕，脅迫鄉民盜掘，出土文物甚眾且精，其和日本人梅原末治分別著《洛陽古城古墓考》和《洛陽金村古墓聚英》二書。

金村大墓出土的文物，大多精美富麗，形制特殊，有很高的藝術價值。青銅器中有成組的錯金銀禮器、錯金銀琉璃銅壺、錯金銀狩獵紋鏡、銀質胡人俑、銀耳環；玉器中有大型玉璧、金鏈玉珮、金飾玉卮；還有漆器朽後殘留下來的飾件。《洛陽金村古墓聚英》一書共收入金村大墓所出文物 238 件，其中大型銅器 33 件，典型的有蟠螭紋鳳羌編鐘一套 12 件（日本大阪住友男爵家藏），虺龍紋汙鐘 4 件和鼎、胡、量、鈁、盉等錯金銀嵌玉銅器共 85 件，其中狩獵紋銅鏡（日本東京細川侯爵家藏），有騎士手執劍與猛虎搏鬥畫面，工藝絕巧；金銀錯銅鼎，蓋上鑲嵌六條彎曲的虺龍，亦為上乘之作。還有銀器 18 件，其中兩件侏儒俑（現藏美國堪薩斯城納爾遜藝術館）極為珍貴。至於碑、盆、匜之類更是不可勝數。玉器在金村大墓中出土量很大，《洛陽金村古墓聚英》僅收入 56 件，有碑、盒、櫛、璧、璜等，尤其是一對透雕虎形玉珮（美國佛尼亞藝術館藏）和玉人虺龍金項鍊以及對鳥的玉女俳優，堪稱古代工藝之傑作。此外，還有為數不少的銅鏡、木胎、夾紵、鎏金銅胎、陶胎的漆品和一套完整的陶工具等。

　　金村大墓共計 8 座，編號為墓Ⅰ～Ⅷ，均為單墓道甲字形墓，分兩行排列。其中墓Ⅳ、Ⅶ墓道兩側各有「馬坑」。另有小墓 3 座，編號為墓 A～C，形制有異，且與其它墓不成序列。墓 A 據說是「馬坑」。同時，在墓Ⅶ以南，另有一座用「雲母片」代替積碳的墓，當時未被挖開。

　　關於墓Ⅴ，懷履光記述是積碳木椁墓，墓口方 40 英呎，墓底方 35 英呎，深 40 英呎，墓道長 250 英呎，寬 10 英呎，墓底鋪石板，內壁漆深棕色，壁頂繪有寬 1 英呎的帶飾，其上鑲嵌琉璃圓形銅飾，以大木構成椁室，呈「八角形」，有門直通墓道。有高 1 英呎，徑 1.50 英呎的鐵門礎一對。門際陳放青銅鼎，中間的大鼎徑 3 英呎，已毀，殘耳高 14 英寸，寬 10 英寸；兩邊鼎直徑也近三英呎，蓋上有三獸紐，器內分別有牛骨、馬骨，開掘時也遭破壞。椁室內有兩重棺，棺左有架，佈陳殉葬器物。所得殉葬器物不詳。值得注意的是有一件銅盤內盛石圭，另一件盤口沿有「國君」二字銘文。馬坑出錯金銀車馬器。另有七座墓未全挖開，其結構類似，二座墓口方 40 英呎，五座方 30 英呎。

　　關於金村大墓的時代，日本人梅原末治從一件銀器銘文認為「三十七年」，為秦始皇三十七年，從而認為金村大墓為秦代墓，後來由於釋出編鐘的「韓」字，不少學者又主張韓墓說。1946 年，唐蘭先生在《大公報》發表《洛陽金村古墓為東周墓非韓墓考》等文章，至今為多數學者所認同。〔註 17〕

　　《史記‧集解》宋衷曰：「威烈王陵在洛陽城東北隅。」

　　《歷代山陵考》：「周赧王冢在岳州府，慈利容齋續筆云其中藏古器物甚多。」又「慈利者非，在隴州也。」

　　周威烈王陵：《後漢書引晉元康地道記》曰：「（洛陽）城東北隅周威烈王冢。」《水經注‧穀水》：「周威烈王葬洛陽城（漢魏故城）內東北隅。景王冢在洛陽太倉中，翟泉在兩冢之間。」今冢已堙毀。

〔註 17〕洛陽地方史志編委會：《洛陽市志‧文物志》，第 4 卷，鄭州：中州古籍出版社，1995 年，頁 77～79。

圖　版

公劉墓（陝西邠縣）

古公亶父（周太王）陵？陝西岐山縣

周太王陵文保碑

周王季墓（陝西西安市鄠邑區）

周原周公廟（一）

周原周公廟（二）

周原周公廟（三）

周穆王墓？

此墓估計為漢墓？

洛陽天子駕六博物館外之模型

天子駕六考古發掘

天子駕六考古發掘

桓王山

靈山寺大雄寶殿（河南宜陽）傳
為周靈王陵寢？

周山三王陵標石

周靈王陵（河南洛陽）

周靈王陵遠景（河南洛陽）

周三王陵（河南洛陽）

周山森林公園說明

翟泉（狄泉）一帶

翟泉（狄泉）路標

金村路標

漢魏洛陽城東北角（一）

漢魏洛陽城東北角（二）　　　　漢魏洛陽城東北角（三）

第六章　秦公、王、帝陵寢

帝系	姓名	陵名	陵地
先世			
襄公			西垂（甘肅省隴南市禮縣永興鎮大堡子山，在天水市西南 70 公里）。
文公			西垂（甘肅省隴南市禮縣永興鎮大堡子山，在天水市西南 70 公里）。
靜公（竫公）（不享國而死）			今地不可考。
憲公（寧公）			衙（今地待考）。
出子			衙（今地待考）。
武公			宣陽聚東南（陝西省寶雞市陳倉區楊家溝公社太公廟大隊？）
德公			陽（陝西省寶雞市陳倉區楊家溝公社太公廟大隊？）
宣公			陽（陝西省寶雞市陳倉區楊家溝公社太公廟大隊？）
成公			陽（陝西省寶雞市陳倉區楊家溝公社太公廟大隊？）
穆公（繆公）	贏任好		雍（陝西省寶雞市鳳翔縣南）。
康公	贏罃		鈞社（陝西省寶雞市鳳翔縣南）。
共公	贏貑		鈞社（陝西省寶雞市鳳翔縣南）。
桓公（僖公）			義里丘北（陝西省寶雞市鳳翔縣南）。
景公（哀公）	贏后伯車（按：《秦紀》名：石）		丘里南（陝西省寶雞市鳳翔縣，秦公一號墓）。

畢公			車里北（陝西省寶雞市鳳翔縣南）。
夷公（不享國）			左宮（陝西省寶雞市鳳翔縣南）。
惠公	嬴康景		車里（陝西省寶雞市鳳翔縣南）。
悼公			僖公西（陝西省寶雞市鳳翔縣南）。
剌龔公			入里（陝西省寶雞市鳳翔縣南）。
躁公			悼公南（陝西省寶雞市鳳翔縣南）。
懷公			櫟圉氏（陝西省寶雞市鳳翔縣南）。
肅靈公			悼公西（陝西省寶雞市鳳翔縣南）。
簡公	嬴悼子		僖公西（陝西省寶雞市鳳翔縣南）。
惠公			陵圉（陝西省寶雞市鳳翔縣南）。
出公			雍（陝西省寶雞市鳳翔縣南）。
獻公	嬴師隰		囂圉（陝西省西安市閻良區武屯鄉櫟陽陵區）。
孝公	嬴渠梁		弟圉（陝西省西安市閻良區武屯鄉，白水流經處）。櫟陽陵區。
惠文王	嬴駟（考古器物：䭾）	公陵	陝西省咸陽市東北周陵村。
悼武王	嬴蕩（一名：則）	永陵	陝西省咸陽市東北周陵村。
昭襄王	嬴稷		芷陽（陝西省西安市臨潼區韓峪鄉油王村，秦東陵）。
孝文王	嬴柱	壽陵	芷陽（陝西省西安市臨潼區韓峪鄉油王村，秦東陵？）或韓森冢？
莊襄王	嬴子楚		芷陽（陝西省西安市臨潼區韓峪鄉油王村，秦東陵）。
本　朝			
始皇帝	嬴政		酈邑（陝西省西安市臨潼區）
二世帝	嬴胡亥		宜春苑（陝西省西安市雁塔區曲江鄉）
末王	嬴子嬰（始皇的弟弟，見《史記·李斯列傳》）		陝西省西安市臨潼區新豐鎮西南？

　　早在 1976 年，我在拙著《中國歷代帝王陵寢考略》一書，即依據《史記·集解》明白指出秦襄公、文公葬在天水西南（隴西之西〔和〕縣）。《史記及三家注》號稱信史，注書者必窮盡史料之源頭，字字有徵。1994 年及 1998 年發

掘甘肅禮縣大堡子山的「中」形大墓及出土大量流散的具有「秦公」銘文青銅器證實。

秦之諸陵，可執史記考之。襄公葬西垂，宋太宗時，襄公冢壞，得銅鼎，狀方行四足，銘曰：「天王遷洛，岐豐錫公，秦之幽宮，鼎藏於中。」〔註1〕

文公葬西山，《史記・集解》：「徐廣曰：『皇甫謐云葬於西山，在今隴西之西縣。』」按在今甘肅天水縣西南百二十里西縣故城。〔註2〕

寧公（《史記・秦本紀》稱之，按《秦始皇本紀》作憲公）葬西山，《史記・正義引括地志》云：「秦寧公墓在岐州陳倉縣西北三十七里秦陵山。」又引《帝王世紀》云：「秦寧公葬西山大麓，故號秦陵山也。」按：敏聰曾於2014年赴秦雍城西北的靈山考察，李健超先生言「靈山」疑為「秦陵山」之訛傳，似乎也言之成理，李健超先生又言「西山大麓」只能是「靈山東南的三畤原」，這裡原面完整平坦，黃土層深度在80～120公尺，土原水深適於墓葬。

敏聰按：文公所葬之「西山」係指今禮縣永興鎮大堡子山。寧公（憲公）所葬之「西山」係指寶雞陳倉縣西北三十七里秦陵山。

同一地名，但地點不同，容易使人混淆。

蓋寧公（憲公）二年，公徙居平陽。《史記・正義》：「《帝土世紀》云：秦寧公都平陽。」按：岐山縣有陽平鄉，鄉內有平陽聚。《括地志》云：「平陽故城在岐州岐山縣西四十六里，秦寧公徙都之處。」

今岐山縣西南40餘里，有陽平鎮屬寶雞縣，1978年陽平鎮西北的太公廟村出土秦武公時期的秦公鐘及秦公鎛等銅器，進一步證明，這裡就是秦武公時代的平陽，那麼秦武公所葬的雍平陽當距雍和平陽不太遠的地方。平陽在渭河北岸二級階地上，地勢較低，平陽北1公里即為三畤原應是比較集中的秦公墓葬區。〔註3〕

秦武公葬雍平陽。按《清一統志》：「秦武公墓，在鳳翔府岐山縣西南。」〔註4〕

〔註1〕清・孫楷著：《秦會要》，禮六。又註天王，天子也。錫，賜也。天子遷都洛陽，將岐山、豐鎬之地，賜予秦襄公，秦侯之墓，藏有此鼎。

〔註2〕按：今仍保留有「西和」地名，2014年載敏聰由西漢水到西垂陵區的司機即西和人。

〔註3〕李健超：〈周秦漢唐帝王陵〉，《中國歷史地理論叢》，1989年第2、4期。

〔註4〕施之勉：〈史記冢墓記〉，《大陸雜誌》，53卷5期。

一、西垂陵區

1994 年及 1998 年對甘肅禮縣大堡子山發現並發掘的兩座「中」字形大墓、一座瓦刀形車馬坑、一座青銅樂器祭祀坑及其出土的具有「秦子」銘文的青銅器及其大量流散的具有「秦公」銘文的青銅器證實：大堡子山墓地就是秦人歷史上營建的第一座陵區，埋葬著春秋早期某兩位秦公或某位秦公及其夫人〔註5〕結合文獻記載「襄公立，享國十二年。初為西畤。葬西垂。生文公」及「文公立，居西垂宮。五十年死，葬西垂。生靜公。」，可知大堡子山墓地應是秦人的「西山」墓地，或曰西垂陵區。〔註6〕

三座大型墓順山體南北排列，間距 35 公尺，墓向均 80°左右。M1 為刀把形，全長 36.5 公尺，僅發現有殘存的 12 乘車馬痕及大量車馬飾殘片，應為一殉葬之車馬坑。M2 為「中」字形墓，全長 88 公尺，M3 為「目」字形墓，全長 115 公尺。二墓均有殉人。這兩座墓劫餘的文物有玉器、金器飾片、石器、漆器和少量的青銅器殘片，可辨器類極為豐富，但大器、重器等珍貴文物均被盜。從盜掘者手中收繳的銅鼎及流散海外被上海博物館收藏的銅簋上有「秦公鑄作寶鼎」、「秦公鑄作寶簋」的銘文，證明這些墓是秦公陵墓無疑。其中 M2 是主墓，M3 應為其夫人之墓。

九座中小型墓分別為 2.5×5.0～1.4×1.9 平方公尺不等。隨葬陶器組合為鬲、盆、豆、罐。有些墓還隨葬有三鼎一簋的青銅禮器。從這批墓葬的陶器形制分析，其年代在西周晚至春秋早。M2 應為襄公之墓〔註7〕。

〔註5〕 戴春陽：〈禮縣大堡子山秦公墓地及有關問題〉，《文物》，2000 年第 5 期；李朝遠：〈上海博物館新獲秦公器研究〉，《上海博物館館刊》，第 7 輯，上海書畫出版社，1996 年。

〔註6〕 王輝：〈也談禮縣大堡子山秦公墓地及其銅器〉，《考古與文物》，1998 年第 5 期；陳平：〈淺談禮縣秦公墓地遺存與相關問題〉，《考古與文物》，1998 年第 5 期；祝中熹：〈大堡子山秦西陵墓主及其他〉，《隴右文博》，1999 年第 1 期；戴春陽：〈禮縣大堡子山秦公墓地及有關問題〉，《文物》，2000 年第 5 期；張天恩：〈試說秦西山陵區的有關問題〉，《考古與文物》，2003 年第 3 期；楊惠福、侯紅偉：〈禮縣大堡子山秦公墓主之管見〉，《考古與文物》，2007 年第 6 期；趙化成、王輝、韋正：〈禮縣大堡子山秦子「樂器坑」相關問題探討〉，《文物》，2008 年第 11 期；梁雲：〈甘肅禮縣大堡子山青銅樂器坑探討〉，《中國歷史文物》，2008 年第 4 期；李峰：〈禮縣出土秦國早期銅器及祭祀遺址論綱〉，《文物》，2011 年第 5 期。

〔註7〕 柴生芳：〈禮縣大堡子山秦國公墓制墓地〉，《中國考古年鑒（1995）》，北京：文物出版社。

大堡山大型墓中殉人的骨骼經鑒定其體質特徵與甘肅史前時期居民的體質特徵相同。史載秦人是從東遷徙而來的，這個結果也證明，秦人上層統治者與下層平民可能不是一個民族，為研究秦文化的起源提供了極為重要的線索。這兩次發掘中都發現有鐵器，也為研究中國冶鐵史提供了重要的實物資料。〔註8〕

二、「衙」陵區

《史記》載：「憲公享國十二年，居西新邑。死，葬衙。生武公、德公、出子。」「出子享國六年，居西陵。庶長弗忌、威累、參父三人，率賊賊出子鄙衍，葬衙。」可見秦人在西垂之後，平陽之前，還營建有一處名為「衙」的陵區。目前有關「衙」的地望，學術界尚未定論〔註9〕，其陵區也有待考古學家的努力與探索。「陽」或曰「平陽陵區」前引文獻中武、德、宣、成四公，居所雖略異，但統屬「平陽」應無問題。其葬地均為「陽」或帶「陽」字的「宣陽聚」。太公廟出土的秦武公器「銅器窖藏」的發現，為探索「平陽陵區」提供了線索。

秦人的活動地原在今隴縣以西的「西陲」。由於朝見周王室，經常東逾隴阪至關中西部。秦文公時逐漸向東擴大，先控制了隴阪道，後建陳倉。公元前725年（秦憲公元年）秦人建都陽平，陽平遂成為關中西部交通中心。公元前723年（秦憲公三年），沿渭水向東打敗今興平、三原一帶的蕩社。公元前697年（秦武公元年）向東伐彭戲氏，到達華山下。公元前688年（秦武公十年），沿隴阪道伐天水一帶邽、冀，開始設縣。公元前681年（秦武公十七年），在杜、鄭（今華縣）兩地設縣。經過80多年的東征西伐，以平陽為中心，西起天水，東至華縣的道路重新開闢與鞏固起來。〔註10〕

三、雍城陵區

雍城田野考古收穫無可辯駁地說明，雍城陵區不僅存在，而且是延用時間最長、埋葬秦公最多的秦人陵區。前引文獻中記載葬於雍地秦公有：穆公、康

〔註8〕 《新中國考古五十年》，頁446～447。
〔註9〕 「《漢書‧地理志》云馮翊有衙縣。憲公時期，秦人勢力尚未到達雍城，更不用說死後葬到「衙縣」了。所以「馮翊」之「衙」必非憲公葬地之「衙」，見梁雲：《西新邑考》，《中國歷史文物》，2007年第6期。
〔註10〕 編纂組：《寶雞城市史》，北京：社會科學文獻出版社，1994年，頁22。

公、共公、桓公、景公、畢公、夷公、惠公、悼公、僖公、厲共公、躁公、懷
公、靈公、簡公、惠公、出公等近 20 位。

秦穆公時代，秦國空前強盛，雍城是其政治、經濟、軍事、文化的中
心。〔註 11〕

雍城遺址位於陝西省寶雞市鳳翔縣城南，自德公元年（公元前 677 年）
至獻公二年（公元前 383 年），秦在雍城建都長達 294 年，地下文物遺存豐
富。雍城遺址可分為城址區、秦公陵園區、國人墓葬區，總面積曰 50 平方
公里。

這裡發現 21 座國君級別的墓葬。最大的一座墓主人是秦景公嬴石。秦景
公是秦國第 13 代國君，秦始皇之前的第 18 位國君，自公元前 577 年至公元
前 537 年在位，在位 40 年。因墓葬最大，殉葬人數最多、葬具等級最高。這
座大墓是中國所發掘的最早積碳填泥大墓，墓深 24 公尺，相當於八層樓高，
總面積 5334 平方公尺，比河南安陽的商王墓大 10 倍。大墓平面呈「中」字
形，由東、西兩斜坡墓道和長方形墓室組成，全長 300 公尺，面積 5334 平方
公尺。東墓道長 156.1 公尺，西墓道長 84.5 公尺，墓室長 59.4 公尺，寬 38.8
公尺，深 24.5 公尺。墓室四壁有三層台階，成倒金字塔狀。第三層台面正中
為曲尺形椁室，椁室周圍排列著兩個等級的殉人 166 個。墓葬填土中發現人牲
20 個。

秦公一號大墓地發掘，佔據了中國考古史上五個之最：是中國乃至全世
界迄今發掘的最大古墓；墓內共有 186 具殉葬人，是中國自商周以來發現殉
葬人最多的墓葬；「黃腸題湊」椁具，是中國迄今發現時代最早、等級最高
的葬具；主椁室兩側的「木碑」室最早的木碑實物，是墓碑之源；大墓出土
的石磬是中國發現最早刻有銘文的石磬，共有銘字 180 多個，是中國文字和
書法界極為罕見的珍品。根據磬銘「天子匽喜，龔桓是嗣」推論，墓主為秦
景公。

大墓發掘過程中，共發現盜洞 247 個，墓葬嚴重被盜，但是，仍出土了 3500
餘件珍貴文物，包括金、石、玉、陶、銅、鐵、漆木器、紡織品等。〔註 12〕

秦諸君殉葬之風頗盛，秦武公葬雍，殉葬者 66 人，內有力士孟賁與烏獲

〔註 11〕焦南峰、孫偉剛、杜林淵：〈秦人的十個陵區〉，《文物》，2014 年第 6 期。
〔註 12〕寶雞先秦陵園博物館編：《雍城秦公一號大墓·前言》，北京：作家出版社，
　　　　2007 年。

兩人，秦穆公死，殉葬者 177 人，內有秦之三良子車兄弟三人，卽子車奄息，子車仲行，子車虎，吾人觀秦風黃鳥之詩卽知其情之悽慘也：

「交交黃鳥，止於棘，誰從穆公，子車奄息，百夫之特，臨其穴，惴惴其慄，彼蒼者天，殲我良人，如可贖兮，人百其身。」可見殉葬時，從死者之可憐也。

雍城秦公陵園平面圖

取自 1991 年修《鳳翔縣志》，西安：陝西人民出版社，頁 815。

秦咸陽「周王陵」勘探平面圖

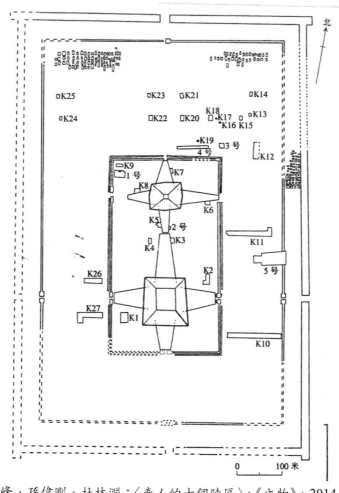

取自焦南峰、孫偉剛、杜林淵：〈秦人的十個陵區〉，《文物》，2014 年 6 期。

四、櫟陽陵區

秦孝公陵，按《水經注》：「白渠東逕秦孝公陵北（高陵）。」，櫟陽秦陵的歷史文獻及田野考古資料均不夠充分，但考古學家依照城陵相依、陵隨城移的規律推測出的秦都櫟陽有秦陵的結論是合理的。

有關《史記·秦始皇本紀》中的獻公葬地「囂圉」、孝公葬地「弟圉」，學界暫無定論。主持櫟陽田野考古工作的劉慶柱先生認為「秦孝公陵應在今西安市閻良區康橋和關山鎮以東，渭南市臨渭區下邽鎮以西〔註13〕。有

〔註13〕中國社會科學院考古研究所櫟陽工作隊：〈秦漢櫟陽城遺址的勘探和試掘〉，《考古學報》，1985 年第 3 期。

歷史學家附議，「那麼獻公陵也應在孝公陵附近」。「櫟陽陵區位於秦都櫟陽附近」〔註14〕。

五、咸陽陵區

　　早在三國時，魏‧劉劭在《皇覽》一書中已指出這兩座傳說中渭北的文、武陵墓非周文王、武王的陵墓：「秦武王在扶扶安陵縣西北，畢陌中大冢是也，人以為周武王冢，非也。周武王冢在杜中。《史記‧秦本紀‧正義》引《括地志》也云：「秦悼武陵在雍州咸陽縣西北十五里也。」關於周文王、周武王的陵墓，古代文獻中多記載在渭河南的鎬京附近。近代首先提出質疑的是陶保廉，著有《辛卯侍行記》。陶保廉（1862～1938 年），新疆巡撫、陝甘總督陶模之子。1896 年由塞外隨侍父親入關，途經陝西、甘肅、寧夏、新疆數省，留下《辛卯侍行記》一書，陶保廉認為渭北的文武陵，實是秦惠文、悼武陵，文武周公葬畢，應皆無丘壠。其致誤的理由是：一、人名地名相同，二、以祠為墓，三、以求文武丘壠不得，四、文字傳寫之誤。（《辛卯侍行記卷三》）

　　《史記引括地志》云：「秦惠文陵在雍州咸陽縣西北一十四里。」又云：「秦悼武王陵在雍州咸陽縣西十里，俗名周武王陵，非也。」經過 30 多年的探索研究，否定了的「周王陵」與最新發現的司家莊、嚴家溝三座大型陵園構成了完整的秦咸陽陵區，其年代應為戰國晚期，墓主至少有秦惠文王、秦悼武王兩王及其王后等（目前學術界多數專家的認識是：「周王陵」為秦惠文王「公陵」；嚴家溝陵園為秦悼武王「永陵」；司家莊秦陵的墓主還有待探討。）。

　　有專家將其稱之為「畢陌陵區」，焦南峰、孫偉剛、杜林淵等先生有不同意見。「畢」是西周國名與地名，「畢陌」是唐宋以來的地名。秦都咸陽附近的秦陵區，稱「咸陽陵區」似乎更符合歷史事實和研究規範。

　　21 世紀初確認的咸陽秦陵位於秦都咸陽的東部。在東西長近 10、南北寬約 7 公里的範圍內，先後發現戰國晚期大型陵園三座。

　　咸陽周陵鎮「周王陵」有內、外兩重陵園。外陵園由牆垣和外圍溝兩部分組成。陵園南北長 835、東西寬 528 公尺，牆寬 4 公尺。圍溝南北長 954、東西寬 639 公尺。圍牆四面各有一門闕遺址。內陵園由牆垣和圍溝組成。圍牆南北長 423、東西寬 236.5 公尺。圍溝南北長 431.8、東西寬 246.5 公尺。陵園在

〔註14〕徐衛民：〈秦帝王陵墓制度研究〉，《唐都學刊》，第 26 卷，2010 年第 1 期。

兩陵墓道正對處分設有門闕。內陵園將南、北二陵界圍其中，兩陵位於一條南北軸線之上。南陵封土外形為「覆斗狀」，現高 14、底邊長約 100、頂邊長 40 餘公尺，墓葬形制為「亞」字形。北陵南距南陵 145.8 公尺，封土外形為截錐體，現存高度 17.5 公尺，底邊長 60 公尺左右，頂邊長約 10 公尺，墓葬形制為「亞」字形。陵園內共發現外藏坑 27 座，其中內陵園有 9 座，外陵園有 18 座。平面呈長條形、曲尺形等，長 3.7～117.7、寬 2.4～12、深約 8 公尺。建築遺址探明 6 處，內、外陵園各有 3 處。內陵園遺址分佈在北陵西北和東南部，外陵園遺址分佈在北部和東部。小型墓葬共發現 168 座。按照分佈位置不同分為三區，各區的墓葬成行、成列有規律地分佈。Ⅰ區小型墓位於外陵園內西北角，共有 73 座；Ⅱ區小型墓葬位於外陵園內東北角，和Ⅰ區小型墓葬東西對稱分布，磚廠破壞了墓葬群的東、南部分，現有 34 座；Ⅲ區小型墓位於東側外圍牆、外壕溝之間中不偏北處，墓地的西、北部受到磚廠破壞，共發現 61 座，南北向排列，東西共五列〔註 15〕。

司家莊秦陵位於陝西省咸陽市渭城區周陵鎮司家莊村北，南距漢哀帝義陵封土約 1200 公尺，世傳其為漢哀帝大司馬董賢之墓。陵園由三道圍溝環繞而成。第一道圍溝之內的區域為內陵園，南北長約 560、東西寬 536 公尺；第二道圍溝位於第一道圍溝之外，南北長 663、東西寬約 637 公尺；第三道圍溝平面呈南北向長方形，南北長 1285、東西寬 1038 公尺。三道圍溝的北、東、南三面與墓道對應處均斷開形成通道。主陵一座，居內陵園中部，現存封土平、剖面均不規則，底部東西長 80、南北寬 63 公尺，高約 15 公尺。墓葬形制為「亞」字形，四面各有一條墓道。通道長 41～52、寬約 24～56 公尺；墓室東西長 90.7、南北寬 85.6 公尺，中部深約 23 公尺。「甲」字形大墓位於主陵北側，無封土，坐西面東，通常 94 公尺，墓道位於墓室東部，長 65、寬 3.6～13.4 公尺，墓室長約 30.5、寬約 22 公尺，中部深 18 公尺。發現陪葬坑 6 座，其中主陵周圍 4 座，「甲」字形大墓南側 2 座。均為豎穴長方形，長 10.8～114 公尺。建築遺址發現 5 處，分別位於內陵園東部、西南部、西部。小型墓葬發現較多，除了主陵園內，三道圍溝之間，在陵園東南部也發現了大片小形墓葬〔註 16〕。

〔註 15〕陝西省考古研究院：〈咸陽「周王陵」調查鑽探報〉，《考古與文物》，2011 年第 1 期。

〔註 16〕陝西省考古研究院、咸陽市文物考古研究所：「咸陽司家莊秦陵」調查鑽探資料。

　　嚴家溝秦陵位於漢成帝延陵東北部，距漢成帝陵封土約 600 公尺左右，現存兩座封土，世傳為漢成帝嬪妃班婕妤等人的葬墓。勘探發現雙重園牆，外園牆外側以圍溝環繞。其陵園整體呈南北長方形，內園牆南北長 473、東西寬 236.5 公尺，牆寬約 3.2 公尺。園牆設有 6 處門址，南、北牆各有一處，東、西牆各有兩處，均位於兩座陵墓的墓道對應處。外園牆保存狀況較差，復原南北長 1043、東西寬 526 公尺，牆寬約 3.2 公尺。在西牆與內陵園門址對應處也發現了門址。外園牆之外還設有圍溝，南北長 1154.6、東西寬約 630 公尺，圍溝寬 7～15 公尺，深 2.5～7.5 公尺。陵園內現存兩座封土，南封土破壞嚴重，僅餘高 4～5 公尺的平台，底部範圍中西長 123、南北寬約 90 公尺。北封土呈覆斗形，底部邊長 73～79、頂部邊 34 公尺，高約 15 公尺。探勘發現兩座墓葬均為「亞」字形，東南西北四面各有一條墓道。南陵墓道長 44～100、寬 14～49 公尺，深約 1.4～20.7 公尺。北陵墓道長 56～81、寬 10～31 公尺，深約 0.8～19 公尺。該陵園共發現陪葬坑 12 座，其中內陵園 7 座，外陵園 5 座。陪葬坑形制多為長發形豎穴坑道，另有個別呈曲尺形、正方形。發現建築遺址一處，位於內陵園南牆外側，似為一東西向長方形院落。發現了 300 餘座小型陪葬墓，大多分佈在圍溝與外城垣之間，還有一部分位於陵園外西、南部區域。墓葬形制有豎穴方坑和豎穴洞室兩種〔註 17〕。

六、芷陽陵區（秦東陵）

　　西安臨潼斜口發現的「四座陵園」，其中一號、四號陵園的 3 座「亞」字形大墓，明確揭示了陵園的等級與性質。依據「昭襄王享國五十六年。葬芷陽……莊襄王享國三年。葬芷陽」的歷史文獻，應稱期為「芷陽陵區」。學術界有關其定名、時代的認識趨於一致，但在大墓與墓主的對位問題上尚有不同觀點。基本可以確定葬於此的有昭襄王與唐太后、莊襄王與帝太后等，至於孝文王與華陽太后是否葬在該陵區內尚有爭議。〔註 18〕

　　根據《史記》記載葬昭襄王以後四位君王、四位王后、一位太子。

　　1986～1988 年，在西安市臨潼區斜口街道辦事處以東、驪山西麓的台塬上，先後勘探發現戰國秦陵園四座，總面積為 24 平方公里。

〔註 17〕陝西省考古研究院、咸陽市文物考古研究所：「咸陽嚴家溝秦陵」調查鑽探資料。

〔註 18〕韓偉、程學華：〈秦東陵概論〉，《考古學研究》，第 10 期，三秦出版社，1993年；趙化成：〈秦東陵芻議〉，《考古與文物》，2000 年第 3 期。

一號陵園平面呈長方形，東西長 4000、南北寬 1800 公尺，面積 72 萬平方公尺。陵園內勘探出 2 座「亞」字形大墓、陪葬坑 2 座、陪葬墓 2 處、地面建築基址 4 處。兩座「亞」字形大墓為陵園的主墓，大小相同，主墓道皆為東向；兩座陪葬坑分別位於主墓東墓道以東偏南處，勘探發現有馬骨、木迹、漆皮、骨飾等；陪葬墓位於 M2 的東南和西南部。二號陵園位於一號陵園東北方向 1500 公尺處，韓峪鄉范家村北。陵園範圍東起北溝村，西道棗園村，南起三冢村北無名溝，北達武家溝，東西長 500、南北寬 300 公尺，總面積 15 萬平方公尺。二號陵園內勘探發現有「中」字形大墓 1 座、「甲」字形大墓 3 座、陪葬坑 1 座、葬墓區 2 處、地面建築 1 處〔註 19〕。

三號陵園位於武家溝村北 100 公尺處，東南距一號陵園 1500 公尺，陵園西、北側利用天然壕溝作為其兆溝，東、南兩面兆溝為人工開鑿。東西長 280、南北寬 180 公尺，總面積為 48400 平方公尺。陵園內有「中」字形大墓一座，封土呈覆斗形，東西向，西墓道長於東墓道；還發現有陪葬墓區 1 處、建築遺址 2 處〔註 20〕。

四號陵園位於小峪河南岸，整個陵區位於山前衝擊扇面上。陵區東起馬斜村，西至染房村，南抵井深溝，北到小峪河南岸，與一號陵園隔河相望，相距約 2500 公尺，總面積達 80 萬平方公尺。陵園內發現「亞」字形大墓 1 座、「甲」字形墓葬 2 座、小型陪葬墓群 1 處〔註 21〕。

秦東陵共發現「亞」字形大墓 3 座、「中」字形墓葬 2 座、「甲」字形墓葬 5 座。歷年的調查、鑽探、試掘中出土有銅質、銀質、石質、陶質、玉質、鐵質等質地文物多件。

〔註 19〕陝西省考古研究所、臨潼縣文物管理委員會：〈秦東陵二號陵園調查鑽探簡報〉，《考古與文物》，1990 年第 4 期。
〔註 20〕王學理等：〈秦物質文化史〉，西安：三秦出版社，1994 年。
〔註 21〕陝西省考古研究所秦陵工作站：〈秦東陵第四號陵園調查鑽探簡報〉，《考古與文物》，1993 年第 3 期。

秦東陵勘探平面示意圖

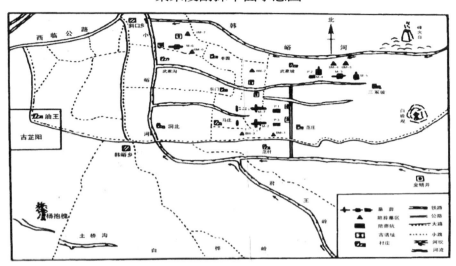

圖取自徐衛民：《秦公帝王陵》，北京：中國青年出版社，2002 年。

七、韓森冢

此冢冢主為誰看法分歧頗大，李健超先生、張海雲女士、孫鐵山先生與敏聰看法較為一致。

《史記引括地志》：「秦莊襄王陵（此處莊襄王應為孝文王之誤）在雍州新豐縣西南三十五里，俗亦謂為子楚。始皇陵在北，故亦謂為見子陵。」（此處莊襄王應為孝文王之誤）。

據李健超先生的考證，韓森冢應為：秦始皇的祖父秦孝文王壽陵（在這裡壽陵應是專有的陵名）。宋·宋敏求《長安志》卷一一尖冢：「《兩京道里記》曰：『在通化門外二里。』《皇覽》云：『是呂不韋冢。』《三輔舊事》云：『是子楚母冢。』皆非也。其冢制度廣大，豈人臣所宜。據韋述《兩京記》云：『則秦襄王壽陵。』」《長安志》所述尖冢在唐長安城通化門外二里，通化門在今西安長樂西路東窰坊，通化門外二里尖冢就是指今韓森冢。《長安志》既否定尖冢是呂不韋冢，也否定是子楚母冢，而肯定是唐開元天寶（？～757）時學者韋述所撰《兩京記》（即《兩京新記》）所說「秦襄王壽陵」。但《兩京記》所說「壽陵」，《史記·秦始皇本紀》「孝文王葬壽陵」，在先秦帝王陵中是專有陵名，即秦孝文王之陵。莊襄王葬芷陽，昭襄王也葬芷陽。因此，《兩京記》所說「秦襄王壽陵」應為「秦孝王壽陵」。清乾隆時陝西巡撫畢沅也認為《史記·秦始皇本紀》云孝文王葬壽陵，莊襄王葬芷陽，則壽陵孝文王陵，

以云襄王蓋誤。

如果說今韓森冢為秦孝文王壽陵可以成立，那麼《史記‧呂不韋列傳》中記敘莊襄王母夏太后葬地又為此增添了一個證據。「始皇七年，莊襄王母夏太后薨。孝文王后曰華陽太后，與孝文王會葬壽陵。夏太后子莊襄王葬芷陽，故夏太后獨別葬杜東，曰『東望吾子，西望吾夫，後百年，旁當有萬家邑』」。夏太后葬杜東，《索引》「杜原之東也」。《正義》云：「夏太后陵在萬年縣東南二十五里。」唐代萬年縣治在長安宣陽坊，萬年縣東南二十五里即今少陵原漢宣帝杜陵附近。果然在夏太后葬 160 餘年之後，漢宣帝的杜陵邑有戶三萬，真可謂未卜先知。由夏太后所葬地東北望是莊襄王所葬之芷陽見子陵，正符合「東望吾子」。由夏太后所葬地西北望，就是韓森冢，也符合「西望吾夫」──秦孝文王陵。直到元代，李好文在奉元路任職時所撰《長安志圖》卷中「邨名條」中指出：「長安咸寧二縣民，多以故宮殿門闕名其所居，然訛謬不可盡記……秦壽王陵訛為韓生冢……」元代長安人駱天驤將宋敏求《長安志》分類改編為《類編長安志》，並增金、元若干史實，亦在記述「秦莊襄王壽陵」認為「蓋不韋，始皇之父，而始皇，襄王之子，以此致惑也。俗呼為韓信冢也。」由此可知，唐宋時韓森冢稱「尖冢」，元代稱「韓生冢」或「韓信冢」，後來通稱「韓森冢」。

韓森冢為秦孝文王陵，僅據歷史文獻而論，可備一說，確否？尚待考古發現來進一步證實。〔註22〕

八、杜東陵區

發掘者認為長安神禾原秦陵的主人可能是戰國時期「別葬杜東」秦始皇祖母夏太后，大多數專家與以肯定〔註23〕。因其「別葬杜東」，故名杜東陵區。

〔註22〕李健超：〈周秦漢唐帝王陵〉，《中國歷史地理論叢》，1989 年第 2、4 期。

〔註23〕陝西省考古研究院：〈陝西長安神禾塬戰國秦陵園遺址田野考古新收穫〉，《考古與文物》，2008 年第 5 期；張天恩、侯寧彬、丁岩：〈陝西長安發現戰國時期陵園〉，《中國文物報》，2006 年 1 月 25 日；王學理：〈二世未解大墓迷，主人還是夏太后〉，《陝西歷史博物館館刊》，第 15 輯，西安：三秦出版社，2008 年；丁岩：〈長安神禾原戰國秦陵園年代述考〉，《文博》，2010 年第 2 期；丁岩：〈神禾原戰國秦陵園主人試探〉，《考古與文物》，2009 年第 4 期。持不同意見的有韓偉：〈揭開長安神禾原大墓主人之謎〉，《陝西歷史博物館館刊》，第 14 輯，西安：三秦出版社，2007 年；段清波：〈關於神禾原大墓墓主及相關問題的討論〉，《考古與文物》，2009 年第 4 期。

　　2004 年 7 月，在西安財經學院長安建設工程中，陝西省考古研究所受省文物局委託對該區進行了考古勘探，發現一批古墓及夯土基址。報請國家文物局批准后，進行了考古發掘，進一步確認此處有一座大型戰國秦陵園遺址。

　　陵園位於陝西省西安市長安區賈里村東，滈河東北岸和潏河西南岸之間的黃土台塬──神禾塬西北部的塬頭上。陵園整體呈長方形，南北長 550、東西寬 310 公尺，佔地面積約 17.05 萬平方公尺。外設兆溝、內築夯十陵牆，東、南、西、北陵牆中部各置一門，並建有門闕。另有夯土隔牆將園內分為南、北區，隔牆中部亦開設一門。北區中間偏南有一座帶 4 條斜坡墓道的亞字形大墓，12 座長條形陪葬坑分佈在墓道旁；南區發現夯土建築基址及灰坑等遺蹟。

　　兆溝，圍繞陵牆一周。所清理的部分呈倒梯狀，口部寬約 4～6 公尺、底部寬約 0.4、深 3.4 公尺，內填較疏鬆的灰褐色土，內含較多的板瓦、筒瓦殘片及零星泥質灰陶鉢、盆、釜等器物殘片。

　　過溝通道，位於與門道正對的兆溝部分。屬於回填土層堆積，在其上層有踩踏形成的路土面，局部有斷續車轍的殘蹟，故可認為是當時的過溝之通道。

　　陵牆，夯築，現僅殘存東、南、北面牆體的部分夯土基礎。

　　北門及門闕，位於北牆的中間，與北墓道遙相對應。東西門闕夯土築成，也僅殘存基礎，成相對的「凸」字形。束闕台長約 9.1、寬約 11 公尺；西闕台長約 7.8 公尺，寬度與東闕台相同。門道位於東、西門闕之間，局部見有踩踏面。

　　陪葬坑，分佈於墓葬四周，共 12 座。試掘了位於墓道南側的 K8。此坑東西長 30、寬 4.1、深 4 公尺，墓前只發掘東部 8 公尺長的範圍。坑內堆積既為疏鬆的黃褐色花土土，夾有少量夯土塊。坑內有由枋木底桁、立柱、橫樑、棚木所構成立體空間（長廊），其內擺放陪葬的車馬。立柱、棚木上有油漆彩繪裝飾。坑內發現有被火焚燒的痕跡，可能遭受過盜擾。

　　在 K8 東部清理出安車 1 輛，挽馬骨架 6 具，應屬所謂「天子駕六」的規格。車輿通常約 1.75、後輿寬約 1.55、車轅長約 1.95 公尺。車輿箱局部殘留有油漆彩繪圖案。坑內出土有青銅管、錯金、錯銀、銀、角、骨質等車馬器等數十件。有錯金銀銅轉珠、鎏金銅泡、銀帶扣、銀和青銅馬鑣、銀及青銅節約、銀飾片、銀絡飾、青銅馬鑣（銜）等。還出土有陶豆、骨管、彩繪象牙管、青銅管箍等器物。所葬的挽馬骨架，實測身長 1.8 公尺。初步鑑定這些馬體型一

般，年齡約 4～5 歲，應係殷商時中原馬種的後代。依據初步清楚的情況觀察，該陪葬坑的性質為車馬坑。據陪葬坑總長度 30 餘公尺的規模推測，其內可能共陪葬有 5～6 套車馬。

「亞」字形大墓位於陵園北區。其中墓口東西長 29、南北寬 28 公尺。4 個斜坡墓道中東墓道最長，約 67 公尺。墓室填土均經過夯築。在墓道、墓室四壁上有間距一致的水平刻槽，似為控制夯層水平和工程進度之留。

墓道填土中發現有秦半兩錢幣、鐵鋸、泥質灰陶鉢、加砂紅陶釜殘片及泥質灰陶紡輪等。

在墓室中間位置與東、北墓道連接部位分別發現有盜洞。H5（可能為一盜洞）內出土有長方型漆盒的錯金銀青銅托座、錯銀銅鐏、銅帶鉤，谷紋玉璧、玉瑗，以及碗、鉢、繭型壺、大小口甕等陶器殘片。

這座陵園處於秦都咸陽與秦嶺北麓之間的最高黃土台塬——神禾塬上，佈局完整，規模宏大，現狀保存較好。從出土文物的品位與規格推斷，其主人應係王公級別的人物。《史記‧呂不韋傳》有秦始皇七年（前 240），「夏太后獨別葬杜東」的記載。如文獻記載方位稍有偏差，其可能就是秦始皇祖母夏太后的陵寢之處，也不排除可能是時代相對的其他秦王公陵地。

該陵園是迄今為止發掘的規模最大的戰國時期陵園建築，形制上承兩周、下開秦漢陵園之佈局，對於商周以來至西漢之間的陵園建設佈局、中國古代陵寢制度史、秦文化的研究等方面均具有重要的學術價值。〔註24〕

九、秦始皇陵

秦始皇陵在臨潼縣東十五里，驪山北麓之下。陵基方三百五十公尺。自基至頂高四十八公尺。自外層地平至頂高六十公尺。其容積土量有五十萬立方公尺之多。若合地下工作掘動之土量計之，其數當更多也。茲引史記之文，用見其工程之大。〔註25〕

《史記‧秦始皇本紀》曰：「始皇初即位，穿治酈山，及并天下，天下徒送詣七十餘萬人，穿三泉，下銅而致椁，宮觀百官奇器珍怪徒臧滿之。令匠

〔註24〕《中國文物報》2006 年 1 月 25 日，張天恩、侯寧彬、丁岩報導。

〔註25〕色伽蘭（Victor Segalen）著、馮承鈞譯：《中國西部考古記》，台灣商務印書館重印，1962 年，第四章，渭水諸陵，秦陵，頁 74～75；關於秦始皇陵的高度，由於測高點不同，測出的高度分歧很大，徐衛民先生認為 76 公尺高較符合實際。

作機弩矢，有所穿近者輒射之。以水銀為百川江河大海，機相灌輸，上具天文，下具地理。以人魚膏為燭，度不滅者久之。二世曰：『先帝後宮非有子者，出焉不宜。』皆令從死，死者甚眾，葬既已下，或言工匠為機，臧皆知之，臧重即泄。大事畢，已臧，閉中羨，下外羨門，盡閉工匠臧者，無復出者。樹草木以象山。」

　　始皇陵今仍巍然聳於平野之上，其輪廓之一部已崩壞，石獸及其他儀飾，今已不留片影；此陵墓為中國最大的，其所覆之面積，據關野貞博士所測為三萬五千坪，較埃及之最大金字塔尤大。〔註26〕

始皇陵原有與現存剖面與埃及金字塔之比較

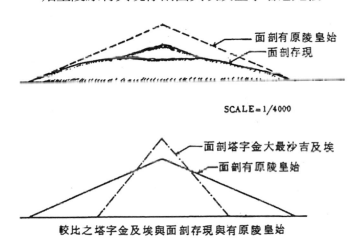

圖取自葉大松：《中國建築史》，台北：中國電機出版社，1978 年。

（一）陵園內的禮制建築

1. 寢　殿

　　秦代之前祭祀祖先還未產生墓祭之俗？那時的祭祖是在都邑的宗廟裡進行。宗廟的格局與生前所居宮殿的「前朝後寢」一樣（實際上在西周以前宗廟與宮殿並無嚴格區別），前設「廟」，安置祖先的牌位，接受四時祭祀；後設「寢」，陳列祖先的衣服、帽子、幾案、手杖等用具，並隨時供奉新鮮果品等食物。秦始皇造陵把「寢」從宗廟析出，建造在陵墓之側，專設祭祀，使後人常記不忘。《後漢書·祭祀志》在總結這一變化過程時說得很明白：「古

〔註26〕伊東忠太原著、陳清泉譯補：《中國建築史》，台灣商務印書館，1972 年重印，頁 100。

不墓祭。漢諸陵皆有園寢承秦所為也。說者以為古宗廟前制廟，後制寢，以象人居前有朝，後有寢也……廟以藏主，以四時祭。寢有衣冠、幾杖、象生之具，以薦新物。秦始出寢，起於墓側，漢因而弗改，故陵上稱寢殿，起居衣服象生人之具，古寢之意也。」始皇陵的這一變革開創了中國陵寢制度的新格局，為後世所遵崇。(這點從考古的發掘證明，是錯誤的，古有墓祭，例如殷墟婦好墓、戰國中山王陵均有墓祭遺蹟)。

始皇陵北側 53 公尺偏西處，有一片面積達 5334 平方公尺的建築台基，南北長 62 公尺，東西寬 57 公尺，形狀近方形。台基周圍環繞迴廊，東南角的東牆上開門，門階向外突出 1 公尺，南北寬 15 公尺。基址堆積中含有大量磚塊、筒瓦、板瓦、牆壁碎塊、草拌泥、紅燒土及灰燼等物，說明建築是經過火焚而坍塌的。學術界根據這一建築的位置，形狀及規格，推斷它就是秦始皇陵區的寢殿。

2. 便　殿

便殿是相對「寢」而言的。《三輔黃圖》說漢高祖陵園（即「高園」）既有正寢，以象平生正殿路寢也：又立便殿於寢，以象休息閒晏之處也。」《漢書・韋玄成傳》：「自高祖下至宣帝、悼皇考，各自居陵旁立廟……又園中各有寢、便殿，日祭於寢，月祭於廟，時祭於便殿。寢日四上食，廟歲二十五祠，又月一遊衣冠。」師古注：「凡言便殿、便室者，皆非正大之處也。寢者，陵上正殿，若平生路寢矣。便殿者，寢側之別殿耳。」這雖然說的是漢代的寢殿建制，但「漢承秦制」，始皇陵園既有寢殿建築，寢側立有便殿當無疑義。古人「事死如生」，在已故君主陵內建正寢和便殿，為的是仿照他生前的路寢和別殿。這樣，「正寢」就成了墓主靈魂起居飲食之所，「便殿」則是供其遊樂休息之處。

始皇陵內城的西北隅，在長 520 公尺，寬 220 公尺的區域內有一片面積頗大的建築基址，內佈滿了一排排東西排列的建築物，這就是陵區的便殿遺址。1973 年曾在陵北 150 公尺處發掘了一組建築基址（編號 1～4 號）。這組建築內有四個各自獨立的單元，彼此以承重牆相隔，牆的厚度不一，在 1.5 公尺～6.55 公尺之間，用土夯築。室內地面亦經夯築，或鋪以石板，貼近內壁都用片石或卵石鋪成環形路。堆積物中多見有瓦當、陶屋脊。內有一種夔紋瓦當，當面雖只有多半個圓，但是直徑已有 61 公分。這是一種超乎尋常的特大瓦當，顯然不施於椽前，而是來遮擋檁頭的，由此可見，這組建築也是相

當宏偉高大的。

在四單元建築中，二號基址的輪廓、格局較完整清晰。基址平面呈南北向的長方形，長 19 公尺，寬 3.4 公尺，面積 64.6 平方公尺。門開在西側，與南北長的主體建築呈「T」式相接，門內往北，登四級石階，進入室內。門內南側豎以曲尺形「石屏」，將室內分隔成南北兩部分。南部在距牆壁 50 公分左右的地面上鋪一環形片石路面，路寬 50 公分。北部則在地面中線鋪一條南北向的片石通道，直通室外的滲井，路寬亦為 50 公分，全長 25 公尺。

（二）麗山食官

「食官」是指掌管宮廷飲食的官，也就是「飼官」。「飼」字在秦漢器物銘刻中多寫作「飤」。「麗山食官」就是掌管始皇陵園膳食之事的官員。《漢書·百官公卿表》：「諸廟陵園食官令長丞。」《後漢書·百官志》：「先帝陵，每陵食官令各一人，六百石。」本注曰：「掌望晦時節祭祀。」秦漢時期陵園內的祭祀相當繁複，要「日祭於寢，月祭於廟，時祭於便殿」，每月一遊死者的衣冠。食官每日要四次進奉飲食給墓主的靈魂享用，逢到望晦日的祭祀自然也相當充足。而皇帝上陵更是由「太食上食（《後漢書·禮儀志》）」，須格外隆重豪華，豐富異常。這些需用都由陵園食官負責。此外，陵園管理人員的飲食亦由食官提供。可見，「麗山食官」是一個相當重要的部門。

秦始皇陵園西北 126.4 公尺處有一大型地面建築遺址。遺址內曾發現刻有「麗山飤官」的器蓋，這裡即「麗山食官」官署的所在地。此處位於陵西側的內城之間，南接西門址的大道，東距內城西牆 8 公尺，西距外城西牆 10 公尺。東西橫長 169.5 公尺，南北縱深 200 公尺左右，面積 3.39 萬平方公尺。1981 年 11 月到 1982 年 5 月，考古工作者對「麗山食官」南端一處建築的東段作了搶救性清理。清理範圍東西 77.5 公尺，南北 29 公尺，包括六座大型單元建築。這些單元建築由東往西橫向排開；編號依次為 I～VI，其中 III、V 兩單元東西長，其餘四單元則南北長，連接諸單元就成為兩個相連的「山」字形平面佈局。V 號建築東西、南北的跨度都比其它建築大，可能是主體建築。I 號建築保存最為完整，它坐東面西，背與內城西牆靠近，南北長 25、東西進深 8 公尺，面闊五間，前有廊，廊前有碎瓦塊鋪設的散水，室內地面夯實，平整堅硬。建築南北狹長，可能是整個「麗山食官」的東廂。

遺存內除存留大量板瓦、筒瓦、瓦當、脊瓦、管道、井圈、方磚、條磚和石柱礎外，出土有銅、鐵、陶、瓷等各類器物，其中最有價值的是錯金銀

的「樂府」銅編鐘，秦始皇二十六年和二世元年「兩詔」斤權以及刻「麗山
飤官」、「麗山飤官右」、「麗山飤官左」、「麗邑五升」、「麗邑九升」、「麗邑二
斗半，八櫥」、「六櫥」、「麗山櫥」的文字。由這些文字判斷，麗山寢園不但
食官分「左」、「右」，而且供廚也是有編號的。

（三）園寺吏舍

「麗山園」應有一套完整的管理機構。《漢書·百官公卿表》說：「奉常，
秦官，掌宗廟禮儀，有丞。」其屬官甚多，同陵墓有關的就有均官、諸廟、寢
園食官令長丞等。這些人的衙署及辦事機構、館舍當設在寢園之內。

位於秦始皇陵園內外城西門之間的「食官」遺址之北另有兩處大型建築遺
存，這兩處基址的北部接近內城西北角。一處位於陝西縫紉機廠以北至晏村
南，一處壓在晏村之下。經探查，前者南北長約 200 公尺，東西寬 180 公尺，
散見大量板瓦、筒瓦、雲紋瓦當殘塊、紅燒土、河光石等。1979 年建廠時曾發
現兩座房屋基址。後者情況不明，僅發現有夯土、瓦礫、河光石鋪砌的散水。
這兩處基址當屬陵園管理官員，侍奉陵寢的宮女及守護、勤雜人員居住的園寺
吏舍建築。

此外，在秦始皇陵垣牆之外的魚池村、安村還有兩處地面建築。魚池村遺
址出土的筒瓦、板瓦之上多見「宮甲」，「宮水」、「左司空尚」、「右司空達」、
「北司」等印文戳記。說明這些建築材料是秦中央製陶作坊的產品。而從另一
些陶文看，附近縣邑的製陶工匠也參加了燒製磚瓦的工作。如櫟陽（今臨潼縣
東北七十里的武家屯一帶）、杜陽（今西安市西南山門口鄉的杜城）、頻陽（今
富平縣東北五十里的美原鄉古城屯）、藍田（今藍田縣）、美陽（今扶風縣東北
法門鎮）、好畤（今乾縣東十二里的好畤村）、臨晉（今大荔縣東二十八里）、
新城（河南省伊川縣北。原屬韓國）、宜陽（今河南宜陽縣，原屬韓國）等縣
地都派有工匠。安溝遺址在 1958 年修安溝水庫時，出土麗山銅鐘一件，銅鐘
腹部鏨刻銘文二行：「麗山園容十二斗三升，重二鈞十三斤八兩。」高 44 公
分，重 19.25 公斤。經測量，容水 2457 毫升。是秦始皇陵園使用的銅器。

（四）從葬坑

秦始皇陵園的從葬坑有兵馬俑坑、馬廄坑、車馬坑、珍禽異獸坑等。

1. 兵馬俑坑

兵馬俑坑位於秦始皇陵園之東 1225 公尺的西楊村，如果從陵冢中心算

起，坑、陵間距是 1695 公尺，正當東大道（即後世所謂之「司馬道」）北側，同陵冢保持了偏北 10° 的象限角度。這組兵馬俑坑由四坑組成。四坑分成南北兩行並行排列，南側是一號坑、北側 20～25 公尺處由東而西依次排列二、四、三號坑。一號坑是個長方形大坑，東西兩端正好同北側三坑等齊，顯得頗為整齊緊湊。

兵馬俑坑構築甚為巧妙，首先是在挖好的大坑內築起一道道東西向的隔牆（相當於「承重牆」，亦稱「隔樑」），形成一條條通道（即「過洞」）。然後把陶俑、陶馬和木質車放在過洞裡，再在隔樑上橫排棚木，鋪以薦席，最後填土封蓋。

一號俑坑是座東西向長方形大坑，座西面東。坑東西長 230 公尺，南北寬 62 公尺，深 4.7～6.5 公尺，面積 14260 平方公尺。兩端兩側各有並列的斜坡門道五個。兩端門道長 15～20 公尺，寬 3～6.6 公尺，兩側門道長 12 公尺，寬 1.6～4.8 公尺。坑底結構是在東西兩端各留寬約 3.45 公尺，南北兩側各留 2 公尺的通道（又稱「邊洞」），形成一周迴廊。迴廊之內以夯牆隔成東西長 180 公尺的通道（過洞）九條，每條寬 3.5 公尺。加上兩邊的側洞，總計過洞 11 條。坑體東部已經發掘了一部分，出土了大量珍貴文物。根據排列狀況及密度推算，一號坑內埋葬與真人真馬相彷彿的陶俑、陶馬約 6000 多件，是一個長方形軍陣。

二號俑坑位於一號俑坑東端北側，相距 20 公尺，平面呈曲尺形，即在南北向長方形坑體的東北角再擴出一個小方塊構成。座西面東。坑東西通長 124 公尺，南北通長 98 公尺，深約 5 公尺，面積約 6000 平方公尺，東西兩端各附設門道三條，北側一條。東北角擴出的部分東西長 52 公尺，南北寬 48 公尺，近似方形。同一號坑一樣，坑底邊緣亦有一周寬 3.2 公尺的迴廊，中間部分用夯土牆分隔出東西向的過洞。過洞寬 3.2 公尺，內置陶俑、陶馬、木質車，約有 1400 餘件，是弩兵、騎兵、徒卒的混合軍陣。

三號坑位於一號坑西端北側 25 公尺，平面呈凹字形，座西面東。東西通長 17.6 公尺，南北通寬 21.4 公尺，深 5.4 公尺，面積約 520 平方公尺。儘管三號坑是秦俑諸坑中最小的一個，但結構複雜，佈置特殊。坑體分前廳和兩廂三部分，無隔牆分出的「過洞」，周壁留有二層台作為架設棚木的支撐點。正面設一條斜坡門道，門道長 11.2 公尺，寬 3.7 公尺。經發掘出土武士俑 68 件，駟馬繫駕的木質車一輛。

在二、三號俑坑之間，還有一座面積達 4000 平方公尺的土坑，是一座還未建成的兵馬俑坑。

對這四座兵馬俑坑的性質，以往已發表了不少意見，但主要有以下三說。

一為「三軍」說，即這些兵馬俑坑是一個排列好的軍陣，是由左、中、右三軍及軍幕組成的龐大陣容。一號坑是右軍，二號坑為左軍，四號坑是中軍，三號坑是指揮系統的軍幕。鑽探時於四號坑之西發現了一座大型甲字形墓，有的學者認為這座墓的墓主，有可能就是指揮這一軍陣的三軍統帥。

二為主軍、佐軍、後勤、莫府說。即一號坑屬於軍陣中的主軍配置，採取的是一種春秋時代的和車戰相應的「魚麗之陣」；二號坑屬於整個軍陣（軍用）中的佐軍配置，即屬於一號主軍的偏師，可稱為「佐」「奇」之兵；四號坑是計畫要修的後勤部隊，即《左傳》記載孫叔敖軍陣的「左追蓐」，三號坑是軍中的「莫府」，有高級將領的「合謀」之處，也有「卜戰」的場所〔註27〕。

三為「矩陣、營地、示戰、軍幕」的陳兵說。即一號坑是一個由步兵和車兵組成的長方形矩陣。估計陣內包羅有手執各類兵器的武士俑 6000 左右，拉車的陶馬約 160 匹，戰車 40 乘。前廊 204 尊袍俑成三列橫隊，其中除三名手執長兵器的甲俑外，餘皆持弓弩，並配以兩柄吳鈎（銅彎刀），組成矩陣的前鋒。南北兩側邊洞及後廊各有一列向外站立的負箙矢持弩的甲俑，組成矩陣的兩翼和後衛。中心部分則是由戰車和隨車甲俑群間隔排列而組成的面向東方的軍陣主體。二號坑是由弩、車、步、騎等四個兵種單獨或混編、練射的營地。營地分四個兵力單位。第一個兵力單位是弩兵練射小營，它包括東北角擴出部分的四個過洞和一周迴廊。其他三個兵力單位在第一單位之後，南北並列，擁有 14 個過洞。第二個兵力單位為車兵小營；第三個兵力單位是車、步、騎混宿的小營；第四個兵力單位是車、騎小營。三號俑坑為「軍幕」，是秦俑軍陣指揮機關的所在地，四號坑南北橫長，是演示作戰的場面〔註28〕。

2. 馬廄坑

始皇陵園從葬的馬廄坑有兩處，一在陵園東側，一在西內外城之間。

（1）陵東馬廄坑

陵東馬廄坑位於東垣牆外 400 公尺處，南自杜家村之西，經上焦、西孫等村西側，北達下焦村。在縱長 1900 餘公尺，寬 50 公尺的範圍內原埋有 400 個

〔註27〕白建綱：〈秦俑軍陣初探〉，《西北大學學報》，1981 年 3 期。
〔註28〕王學理：《秦始皇陵研究》，上海人民出版社，1994 年，第二章、麗山園。

馬坑，但因歷年破壞，剩餘之中已探明的僅有 130 座小坑，其中 93 座小坑情況比較清楚。有馬坑、跽坐俑坑和俑馬同坑三種。其中馬坑 74 座，俑坑 4 座，俑馬同坑 6 座，不明者 9 座。這些坑基本呈東西兩行並列。目前已清理了 51 座。

馬坑作東西向長方形豎穴土壙，一般長 2.4～3.5 公尺、寬 1.2～2.8 公尺、深 1.6～2.8 公尺。每坑葬一匹馬，頭西尾東。馬是處死後放入木箱的，有側身、伏臥、站立等葬式。馬頭前放有陶盆、陶罐和陶燈，是飼養工具和照明器具。

俑坑作方形和梯形豎穴土壙，前者的長、寬、深均為 1.5 公尺，後者長 2.6 公尺，西寬 1.24 公尺，東寬 1 公尺，深 2 公尺。俑多靠西壁而面東，放在木箱之中。俑高 63～72 公分，作跽坐形，椎髻。陶俑面前放陶罐、鐵鍤、鐵鎌、鐵斧和陶燈。很清楚，這些跽坐俑是飼養馬匹的「圉人」或者「圉師」。

俑馬同坑一般作東西向的梯形或長方形豎穴土壙，前者長 4.5 公尺，西寬 1.58 公尺，東寬 1 公尺，深 1 公尺；後者長 3.5 公尺，寬 1 公尺，深 2 公尺。坑底馬東俑西，相向放置，俑多在壁龕中，亦為跽坐俑。出土物為陶質的盆、盤、罐和鐵質的斧、燈之類用具。

馬廄坑出土器物中有的刻有文字，如「大廄四斗三升」（銅盆）、「中廄」（陶罐）、「小廄」（陶盆、陶罐）、「宮廄」（陶罐）、「左廄容八斗」（陶盆）等，這些廄名可以與文獻印證，是研究秦代廄苑制度的珍貴資料。

（2）陵西內外城間馬廄坑

這一處馬廄坑形制特別，共兩座，均位於始皇陵內外城兩西門南側。一座是兩斜坡道並行的「雙門道馬廄坑」，另一座是東南向曲折的「曲尺形馬廄坑」。前者在北，面積 580 平方公尺，後者在南，面積 1700 多平方公尺。

曲尺形馬廄坑東西長 117 公尺，寬 6.6～8.4 公尺，南北長 8.4 公尺，寬 8.1～9.4 公尺，深 4 公尺。馬骨架基本完整，每三匹置於一木欄之內，作臥姿，密集排列，計百匹。出土陶俑 11 件。陶俑辮髻、穿褐、登履，有戴長冠袖手和曲肘拄長兵器兩種，高 1.82～1.9 公尺。前者屬下級軍吏，可能即雲夢秦簡《廄苑律》中的「皂牆夫」，後者當是馬廄的守護人員。

3. 封土四周「御府」諸坑

秦始皇陵封土四周至少分佈有十多個從葬坑。東側在五條墓道之前有三坑，內埋配備武器（弓囊、箭箙）的車馬（僅見車馬器）；南側三坑東西排列，

埋有大型陶俑及非人體之骨骼，其中東西兩坑以便道相連，另一坑則略偏向西南；西側在「巾」字形墓道北道的兩座耳室之內埋有銅質、木質車馬，經發掘已出土了兩乘銅質車馬。墓道南部另兩座大坑，北坑近方形，南坑南北長 80 公尺，東西寬 50 公尺，鑽探時出土刻有「川五」字樣的陶片。陵北十五坑，「闕門」偏東處的一座大坑東西長 56 公尺，南北寬 35 公尺，坑西北有長 56 公尺、寬 8 公尺的通道，將並列的兩座耳室相連，室內埋有木質、銅質的車馬，與西側「巾」字形墓道北道耳室出土的車馬相類。

發掘出土的兩乘銅車馬均單轅（輈）、雙輪、方輿、駕四馬、彩繪，大小為真車真馬的二分之一。前面一乘編為一號銅車馬，方輿之上豎立一柄圓形蓋傘，御手立在車上，雙手持轡。車上配備銅弩、箙矢和盾牌。車馬通長 2.25 公尺，車高 1.52 公尺；四馬通體塗白色，長 1.1 公尺，高 66 公分。御手戴切雲冠，著袍，腰繫條帶，飾流蘇，高 92 公分。這種車應是古代的「立車」、「高車」或「馴馬立車」。後面一乘編為二號銅車馬，方輿之上以箱板圍成車蕃，蕃上覆橢圓形蓬蓋。車蕃正面及兩側留有窗牖。後面闕門。車箱內三邊有台階，前作軾，兩側為輢較，為乘車者提供盡量舒適的條件。御手跽坐車蕃之前，雙手持轡。車馬通長 3.17 公尺，車高 1.062 公尺，四馬通體亦塗白色，高 90.2～93.2 公分。御俑通高 51 公分，總重 1241 公斤，由 3462 個零部件組成。部件是銅、金、銀三種金屬的鑄件，其中金件重 3033 克，銀件重 4342.1 克，餘為青銅。這種車就是興於周代的「有容有蓋」的「安車」，是專供王公、王后、列侯、貴婦和德高望重的老人乘坐的。若將安車的窗牖和門扉關閉，車內溫度就能保持得高於車外，因窗扉之上開有菱形網眼可以透氣，又不至氣悶。反之，打開窗扉，氣流暢通，車內就會舒適涼爽。這種簡易的調溫車乘，秦時又稱作「輼輬車」。

4. 另秦始皇陵還有陪葬墓群、酈山刑徒墓

5. 珍禽異獸坑

位於內外城西垣牆之間的西門以南，曲尺形馬廄坑之北，東距內城西垣牆 25 公尺，範圍南北長 80 公尺，東西寬 25 公尺，面積 2000 平方公尺。坑呈南北三行排列，共 31 座。坑東西向，作方形和長方形，多有二層台。一般長 1.6～2 公尺，寬 0.6～1.2 公尺，深 1.8～3.6 公尺。其中西排 8 座，東排 6 座，內放跽坐俑。中間一行 17 座，埋有動物骨骼。盛斂在有蓋的長方形瓦棺之內。頭東尾西。瓦棺長 1 公尺，寬 43 公分，高 40 公分。坑中出土陶罐，似飲水之

具，動物坑中出土陶盆，係飼養動物的食盆。骨骼多已腐朽，從牙齒及殘留骨骼看，既有食草類的鹿、麂和雜食類的動物，也有飛禽。估計是皇家苑囿中豢養的珍禽異獸。跽坐俑是負責管理的僕役，即所謂獸人。〔註29〕

（五）秦始皇帝陵大遺址的系統考古探勘

1. 工作規劃與考古地理信息系統建設

2010 年，秦始皇帝陵博物院制定了秦始皇帝陵大遺址的考古規劃並付之實施。為了更好地適應秦始皇帝陵區域大遺址工作的實際，近年秦始皇帝陵博物院對這一規劃進行了調整。目前根據考古工作的現狀與要求，秦始皇帝陵考古分區按兩個層次規劃，從而系統地對整個大遺址區域進行了科學的佈方。

第一層次為外城垣以內區域，定義為 O 區。區域範圍北到毛北組、南到上陳、東到陝縫廠、西到晏寨，共分 60 個區，每區面積 250 公尺×250 公尺，每區以英文代碼標誌，在此分區下繼續以 50 公尺×50 公尺、10 公尺×10 公尺進行分區。

第二層次以國家測繪系統的點（x：522869.000、y：3806930.000）為原點分 A、B、C、D 四區。需要說明的是，第二層次區域中原屬於第一層次的分區以原區域代碼標識。每區以中心原點為基點分為 1000 公尺×1000 公尺的可拓展區域 N 個；每個小區內再以 250 公尺×250 公尺規格分為 16 個小區，分別命名為 01～16；在每個小區內再繼續以 50 公尺×50 公尺、10 公尺×10 公尺兩級繼續分區，分別以 A～Y 這 25 個英文字母命名。這樣就在秦始皇帝陵地區於國家座標系統下設置了 10 公尺×10 公尺級別的調查與發掘分區。

基於此分區，秦始皇帝陵博物院建立了秦始皇帝陵大遺址的考古地理信息系統，並依據此系統進行了空間數據的分析。

2. 考古勘探新收獲

秦始皇帝陵的主要遺存可分為墓室正藏墓道、墓上建築、外藏、祔葬、祭祀、牆垣、門闕、道路、陵邑、工程等十類，近年對以下幾類遺存的考古勘探獲得了新發現。

（1）牆　垣

2010 年以來，為了配合遺址公園的建設，秦始皇帝陵博物院完成了對牆

〔註29〕王學理、尚志儒、呼林貴等著：《秦物質文化史》，西安：三秦出版社，1994年，頁 284～291。

垣遺存的勘探，並且進行了精確測繪，得到了準確的牆垣基礎數據，並據之進行陵園規制方面的研究。在內城北部區域新發現一條南北向牆垣，寬4、南北長630公尺，與內城北牆和內城東西向隔牆垂直相交；此外還發現內城東西向隔牆的牆垣伸向西內外城間的建築遺址。這些牆垣遺存的發現對認識陵園的格局具有關鍵意義。

（2）道 路

近年在秦始皇帝陵範圍內發現的道路遺存分佈在內城南門內側、內城東門內側、內城北部中區、北內外城間、南內外城間以及封土周邊，這些發現與早年發現的東、西內外城門間的道路、內城城垣廊道等共同構成了秦始皇帝陵的道路系統。

（3）門 闕

早期的考古材料認為陵園有 10 座城門，近年秦始皇帝陵博物院確認以前認為的內城北牆西段的城門應為後期洪水沖開的豁口而非城門。因此，兩重城垣上共有 9 座門址，其中外城四面牆垣各有 1 座，內城除四面牆垣各有 1 座外，內城中部東西向隔牆還有 1 座城門。前期的工作證明西內外城間、東內外城間有廊房和三出闕遺存；近年來的工作證明，北內外城間也存在與西、東內外城間建築類似的門闕建築，目前已發現兩道闕的建築遺存以及兩側的牆垣。

（4）外藏坑

自 1974 年以來，已發現了近 200 座外藏坑，目前此數目還在不斷地增加。這些外藏坑分佈於外城以外、內外城之間、內城以內三個不同區域。其中陵園外共有 5 處約 105 座左右，包括 4 個兵馬俑坑、1 個動物坑、上焦村98 個馬廄坑及 0007 號坑，在魚池南側新發現 1 個外藏坑（K201201）。內外城之間共有 56 座外藏坑，在南、西內外城間新發現 K201001、K201101。近年秦始皇帝陵博物院還對 K9801 進行了復探，對其形制及內部結構有了更進一步的認識，彌補了早年工作的不足。在內城區域封土北側新發現 1 座陪葬坑，而封土西北側原認為是「甲」字形墓的遺存也復探確定為外藏坑。

（5）祔 葬

在陵園內外目前已發現 6 處墓葬。在陵園外除早年發現並局部發掘過的上焦村 17 座墓外，還在以前工作的基礎上復探了兵馬俑坑西側的「甲」字形墓，在陵西磚房一帶新發現 3 座「中」字形墓。在陵園內城北部東區在以前發

現 34 座墓的基礎上共發現了 99 座排列規整的中小型墓葬，這與始皇帝死後後宮人員的從葬有著密切聯繫。在陵園西內外城間新發現 74 座小型墓坑，原認為是空墓，具體內涵、性質有待發掘驗證。此外，在陵園的南內外城間新發現 7 座中小型秦代墓葬，與其陵墓的關係有待進一步發掘驗證。

（6）建築遺存

始皇帝死後，二世下令增加始皇帝的寢廟犧牲。據此，對於始皇帝的國家級別的祭祀主要為宗廟祭祀和陵墓祭祀。始皇帝陵祭祀應該就是文獻中所說的以陵側出寢為核心的陵寢祭祀，這一祭祀體系包括祭祀的場所、儀式與祭品等。陵園內城區域封土北側面積達 17 萬平方公尺的 11 排建築是這一祭祀體系的核心建築。2012～2013 年，在西內外城間新發現 12 萬平方公尺的建築遺址，在北內外城間發現 6.8 萬平方公尺的建築遺址。

從早年西內外城間建築遺址出土的文字材料看，這些建築與供給祭祀的食官有關，應為祭祀體系的附屬建築；北內外城間的建築遺址性質仍需進一步研究。

3.　小　結

在近幾年秦始皇帝陵的考古工作中，考古工作者立足於秦始皇帝陵的核心區域——陵園，面向整個大遺址，以整體觀來系統思考、全面把握秦始皇帝陵的各類遺存。總結近年來秦始皇帝陵的考古工作，取得了一些新的收獲，為全面理解秦始皇帝陵提供了更進一步的材料，在一些方面已大大突破了前人的認識。如通過對陵園以及更大範圍的道路、門闕、牆等的系統勘探，考古工作者對陵墓的整體格局在前人認識的基礎上有了更深入的理解；外藏、祔葬、祭祀建築等遺存新的發現增加了對陵墓制度的理解；特別是陵園內大量建築遺址的發現，對認識、理解陵寢制度在這一時期的變化有著重要的意義。此外，對 K9901、內城陵寢建築、內城從葬墓以及兵馬俑一號坑等的發掘，為認識秦始皇帝陵喪葬禮儀進程、建築結構體系、空間佈局及朝向秦始皇帝陵研究中的重要問題提供了新材料。考古工作者相信隨著這批材料的進一步整理，會為秦始皇帝陵的研究提出新課題，必將秦始皇帝陵的研究推向一個新層次。〔註30〕

〔註30〕秦始皇帝陵博物院：〈西安市秦始皇帝陵〉，《考古》，2014 年第 7 期。

圖　版

甘肅禮縣大堡子山秦公大墓全貌

西垂陵區

甘肅禮縣秦公大墓出土的石磬

圖片引自徐衛民:《秦公帝王陵》,中國青年出版社,2002 年。

禮縣秦公大墓出土的銅編鐘

引自徐衛民《秦公帝王陵》,北京:中國青年出版社,2002 年。

秦公 1 號墓（秦景公墓）（陝西鳳翔）

秦公陵園是 1976 年 12 月鳳翔縣考古工作者曹明檀,在南指揮鄉南指揮村鑽探發現。從「秦公一號大墓」發掘展開,整個陵園區東西長 7 公里,南北寬 3 公里,總面積 21 平方公里。陵區內四周環繞 35 公里長的護陵壕溝;陵區內有大小、形制不等的 21 座的秦公級別大墓。

秦都雍城標石

秦公一號大墓文保碑

雍城自秦德公元年（公元前 677 年）至
獻公二年（公元前 383 年）經 19 位秦
君，歷時 294 年為秦國國都，秦始皇的
加冕禮即於雍城舉行。漢武帝在位 53 年
中，13 次在雍地祭祀五帝。

咸陽陵區

秦惠文王陵（一）

秦惠文王陵（二）

過去誤為周文王陵。

過去誤為周文王陵。

咸陽陵區二陵規劃圖

秦惠文王陵牌坊

秦惠文王碑刻

秦惠文王享殿

秦惠文王陵廊廡

秦惠文王陵戲臺

秦悼武王陵

秦悼武王陵附近的景觀

秦東陵遺址

秦孝文王陵？西安市韓森冢

秦始皇陵

在陝西省臨潼縣驪山北麓，建於公元前 3 世紀。據考，陵原高 115 公尺，陵基周長達 2000 公尺。經過 2000 多年的風雨侵蝕和人為破壞，現高 76 公尺，周長約 1300 餘公尺。巍然矗立，蔚為壯觀。

秦始皇兵馬俑（資料照片）

在陝西省臨潼縣驪山腳下秦始皇陵東側，為秦始皇的從葬品。1974 年發現以後，已在原址上建成博物館。在長達 230 公尺、寬 70 公尺、高 22 公尺的拱形展廳裡，陳列著一排排高達 180 公分以上的兵馬俑。前面由三列橫隊組成前鋒，後面是 38 路縱隊，車馬武士相間。這些兵馬俑面貌各異，栩栩如生。出土秦俑約 7000 多尊細部刻畫逼真，戰袍扣子各式各樣，髮式千姿百態。各種兵器種類繁多。

秦始皇陵封土上的石榴樹

秦始皇陵陪葬出土的銅車、馬

秦始皇陵兵馬俑坑（一）

秦始皇陵兵馬俑坑（二）

秦始皇陵兵馬俑博物館　　　　　　秦二世墓

秦二世（前230～前207年）即胡亥。
秦朝第2代皇帝。公元前210～前207
年在位。統治期間，宦官趙高專權。
繼續大修阿房宮和馳道，賦稅徭役極
為繁重。不久即爆發陳勝、吳廣領導
的農民大起義。後為趙高逼迫自殺。

第七章　西漢陵寢

帝　系	姓　名	陵　名	陵　地
先　世			
皇祖	劉清		江蘇省徐州市豐縣趙莊鎮金劉寨村。
太上皇	劉瑞	萬年陵	陝西省渭南市富平縣呂村鄉姚村。
本　朝			
高祖	劉邦	長陵	陝西省咸陽市渭城區正陽鎮怡魏村南約1公里。
惠帝	劉盈	安陵	陝西省咸陽市渭城區韓家灣鄉白廟南村南500公尺。
前少帝	劉恭		不詳。
後少帝	劉弘		不詳。
文帝	劉恒	霸陵	陝西省西安市灞橋區白鹿原西邊的江村大墓。
景帝	劉啟	陽陵	陝西省咸陽市正陽鎮四溝村馬家台北原上。
武帝	劉徹	茂陵	陝西省咸陽市興平市南位鄉茂陵村。
昭帝	劉弗陵	平陵	陝西省咸陽市秦都區平陵鄉大王村。
廢帝	劉賀（海昏侯）		江西省南昌市新建區大塘坪鄉觀西村東南。
宣帝	劉詢（病已）	杜陵	陝西省西安市雁塔區曲江街道三兆村南。
元帝	劉奭	渭陵	陝西省咸陽市渭城區周陵鎮新莊村南。
成帝	劉驁	延陵	陝西省咸陽市渭城區周陵鎮嚴家溝村西北。
哀帝	劉欣	義陵	陝西省咸陽市渭城區周陵鎮南賀村東南。
平帝	劉衎	康陵	陝西省咸陽市渭城區周陵鎮大寨村東。
孺子嬰	劉嬰		今地不可考。

追　尊			
悼皇	劉進〔註1〕		
恭皇	劉康〔註2〕		山東省定陶縣（具體位置不詳）

關於西漢帝陵的研究，很早已經引起人們的關注。自漢代以後，不少歷史地理文獻記載了西漢帝陵，如《三輔黃圖》、《三秦記》、《關中記》、《水經注》、《長安志》、《關中勝蹟圖志》等，其中尤以北魏酈道元《水經注》記述的西漢帝陵方位及其與週邊關係最為詳盡。〔註3〕

唐代以前人們對渭北西漢陵的記載是準確的，基本是一致的。但宋代以後人們對渭北漢陵逐漸模糊，到了清代畢沅在各陵立碑除了武帝的茂陵和成帝的延陵外，其餘都是錯誤的。

20 世紀初，日本學者足立喜六和關野貞先後對西漢諸陵進行了實地考察、測量和拍照，1933 年，由東洋文庫出版了《長安史蹟の研究》一書，上個世紀 30 年代，楊鍊將此書，譯為《長安史蹟考》，給中國讀者提供了很大的方便。2003 年，三秦出版社出版了該書的新譯本，由王雙懷、淡懿誠、賈雲翻譯寫〔註4〕。足立喜六從帝陵的營造、形制、埋葬、寢殿、陵邑等方面對西漢帝陵作了比較全面的研究，可以說是對西漢諸陵進行現代調查和研究的開始。但諸陵址相沿畢沅的錯誤。

陳子怡（河南人）首先對渭北漢陵的排序，提出質疑與訂正，其在〈咸陽漢帝陵諸陵考自序〉與〈咸陽原上漢帝諸陵考〉載民國24年（1935年）9月出版的〈西京訪古叢稿〉，《西京籌備委員會叢刊之一》（張繼題寫書名）中對諸陵位置改正若干錯誤，但也增添了新的錯誤（陳子怡誤認陽陵為長陵，長陵誤認為安陵），但無可否認的，陳子怡先生對訂正渭北漢帝陵有先驅之功。

北魏・酈道元的《水經注》中，對成國故渠和西漢帝陵的位置、陵廟、陵邑、陪葬墓及其有關歷史典故記載頗詳，為我們現在確定咸陽塬上西漢帝陵的位置提供了重要的線索。〔註5〕

〔註1〕漢宣帝生父。
〔註2〕漢哀帝生父。
〔註3〕劉慶柱、李毓芳：〈西漢帝陵的考古發現與研究〉，載洛陽市第二文物工作隊編：《洛陽漢魏陵墓研究論文集》，北京：文物出版社，2009 年。
〔註4〕〔日〕足立喜六著，王雙懷、淡懿誠、賈雲譯：《長安史蹟研究》，西安：三秦出版社，2003 年。
〔註5〕李健超：〈成國渠及沿線歷史地理初探〉，《西北大學學報》，1977 年第 1 期。

　　關於西漢時代各個帝陵的地望，根據歷史文獻記載，結合考古調查資料，學術界一般認為咸陽原上渭北陵區的西漢帝陵，自西向東依次為漢武帝茂陵、漢昭帝平陵、漢成帝延陵、漢平帝康陵、漢元帝渭陵、漢哀帝義陵、漢惠帝安陵、漢高祖長陵和漢景帝陽陵，北倚九嵕、嵯峨諸山，南臨渭水，西起興平、咸陽，東至高陵，歷三市、縣境，亙九十餘里，東西綿延近百里。長安城東南陵區有漢文帝霸陵和漢宣帝杜陵〔註6〕。（但是清代所立的西漢諸陵石碑標識和相關地方縣志記載與此有所不同〔註7〕，近年也有學者對咸陽原上的西漢晚期的延陵、康陵、渭陵和義陵的地望排序提出不同看法〔註8〕。）

　　不過，1980年以來，對西漢帝陵的調查全面展開，經李健超、杜葆仁、劉慶柱、李毓芳等先生等實地勘查和研究，西漢帝陵從西往東依次為：茂陵→平陵→延陵→康陵→渭陵→義陵→安陵→長陵→陽陵，考古界對此排序基本上已經達到共識。〔註9〕

　　北京大學《戰國秦漢考古》講義就認為，高祖長陵、惠帝安陵、景帝陽陵按「先王之葬居中，以昭穆為左右」的方式排列，而漢武帝以後公墓制遭到破壞，昭穆排列亦不復存在。〔註10〕

　　後來又有學者論證：整個西漢一朝皆存在昭穆排列。〔註11〕

　　楊寬則專注《中國古代陵寢制度史的研究》，上海古籍出版社，1985年，精深獨到，書後還附有相關文獻記載。〔註12〕

　　1987年，劉慶柱、李毓芳兩位先生合著《西漢十一陵》，是90年代以來研究西漢帝陵的集大成者，論述全面，見解深刻，影響深遠。

　　1979年，敏聰在所著《中國歷代帝王陵寢考略》增訂再版中，試圖將以〔日〕足立喜六著《長安史蹟の研究》（1933年）加以修改，以《三輔黃圖》及《水經注》與陳子怡〈咸陽原上漢帝諸陵考〉（1935年）、陝西歷史博物館

〔註6〕杜葆仁：〈西漢諸陵位置考〉，《考古與文物》，1980年創刊號；劉慶柱、李毓芳：《西漢十一陵》，西安：陝西人民出版社，1987年。

〔註7〕畢沅：《關中勝蹟圖志》；《咸陽縣志》。

〔註8〕王建新：〈西漢後四陵名位考察〉，《古代文明》，第2卷，北京：文物出版社，2003年，第304～327頁。

〔註9〕咸陽市文物考古研究所編著：《西漢帝陵鑽探報告》，北京：文物出版社，2010年。

〔註10〕北京大學歷史系考古研究室：《戰國秦漢考古》（上），1981年鉛印本。

〔註11〕李毓芳：〈西漢帝陵分佈的考察—兼談西漢帝陵的昭穆制度〉，《考古與文物》，1989年第3期。

〔註12〕楊寬：《中國古代陵寢制度史研究》，上海古籍出版社，1985年。

編《西安歷史述略》（1959 年）、李健超〈成國渠及沿線地理初探〉,《西北大學學報》（1977 年 1 期）為基礎,修改後的渭北西漢帝陵大體與 1980 年的杜葆仁《西漢諸陵位置考》、1987 年的劉慶柱、李毓芳合著《西漢十一陵》吻合。〔註13〕

漢陵方位圖？

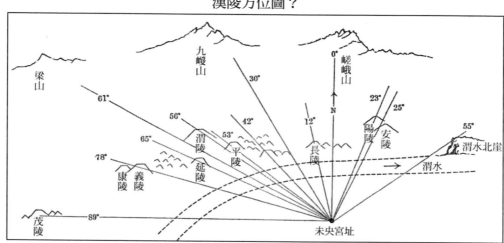

以未央宮遺址向渭北之北山遠望漢陵,據〔日〕足立喜六著:《長安史蹟の研究》,東洋文庫,1933 年。

敏聰在 1979 年出版的《中國歷代帝王陵寢考略》（增訂再版）,訂正漢陵的正確方位圖

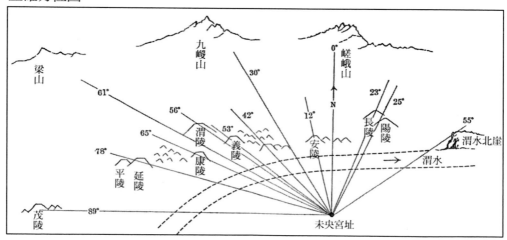

〔註13〕謝敏聰:《中國歷代帝王陵寢考略》,台北:正中書局,1979 年增訂再版,頁 65。

享譽兩岸及海外的美術考古學家王子雲先生遺著、王薔、任之恭整理：《漢代陵墓圖考》，西安：太白文藝出版社，2007 年，也將敏聰撰《中國歷代帝王陵考略》，台北：正中書局，1979 年增訂再版，列入整理採圖主要參考書目。

一、先世陵寢

皇祖陵：「又稱皇林。劉清為漢高祖劉邦的祖父。現存墓塚為明清時所修建的衣冠塚，墓塚直徑 5 公尺，存高 3 公尺，四周砌墓垣。1993 年在墓旁建『漢皇祖陵』，佔地面積約 4000 平方公尺，有大殿、東西廂房、陵門等。」〔註14〕太上皇萬年陵，太上皇（劉邦父）劉瑞，又名執嘉，陵於臨潼縣東北，漢高祖十年，太上皇葬櫟陽北原，因於櫟陽置萬年縣以奉陵寢，其旁有昭靈皇后陵，為高祖母陵。

二、長　陵

長陵是漢高祖劉邦的陵墓，位於渭城區窯店鎮三義村北。又稱「長山」，也叫「長陵山」，《水經注》卷八記載：成國故渠「又東逕長陵南，亦曰長山」。《三輔黃圖》則稱長陵為「長陵山」。劉邦的陵墓以「長」名陵，可能是因為長陵所在地古稱「長平」或「長平坂」的緣故，也可能是以首都「長安」的第一個字命名的。

封土堆呈覆斗形，底部東西長 165 公尺，南北長 145 公尺，頂部東西長 40.50 公尺，南北長 15.30 公尺，高 32 公尺。呂后陵在高祖陵東南 280 公尺，封土形狀與高祖陵相同，封土底部東西長 150 公尺，南北長 130 公尺，頂部邊長 17.50 公尺，高 31.80 公尺。

長陵陵園平面略呈方形，南北長 1000 公尺，東西寬 900 公尺。高祖陵和呂后陵在同一個陵園內。陵園西牆距離高祖陵 80 公尺，北牆與高祖陵和呂后陵分別距 400 公尺和 650 公尺，南牆與高祖陵和呂后陵分別距 350 公尺和 80 公尺，東牆距呂后陵 180 公尺。陵園四面牆垣，除北牆寬 15 公尺以外，其餘三面牆垣寬均 7～9 公尺。

陵園四面牆垣中央各闢一門，門前沒有發現闕址。

陵園四角，除東北角外，其餘三處均發現了角樓建築遺址。陵園之內，高

〔註14〕《中國文物地圖集・江蘇分冊》。

祖陵和呂后陵的北部東西並列分布著兩處建築遺址，東邊的在呂后陵北 350 公尺，西邊的在高祖陵北 130 公尺，它們應為陵園內比較重要的禮制建築。

陵園以南分布的重要建築遺址有以下幾處：呂后陵正南，北距陵園南牆 30 公尺，有一大型建築遺址，東西長 250 公尺，南北長約 100 公尺，遺址內有巨大的柱礎石、紅色牆皮及大量磚瓦堆積。在此以南約 400 公尺，有一處遺址，東西長 150 公尺，南北長約 100 公尺，遺址內縱橫分佈著圓形、五角形水管道。

上述建築遺址當為「便殿」一類建築。

長陵陪葬墓現仍保留封土堆的分佈於西起長陵，東到涇河南岸的廣闊地域上，東西綿延約 8 千公尺。以楊家灣村、西史村、徐家寨村及涇陽縣新莊村分佈最集中。陪葬墓封土形狀各異（覆斗形、圓錐形、山形），大小不一。

長陵陪葬者有蕭何、曹參、周勃、周亞夫、王陵、張耳、紀信、戚夫人、田氏家族、王氏家族等。

在長陵以北怡魏村一帶，有長陵邑遺址。〔註 15〕

三、安　陵

漢惠帝劉盈的陵墓。位於渭城區正陽鎮白廟村南。劉盈是高祖與呂后之子，17 歲即位，朝政被母親掌控，在位 7 年，抑鬱而死。

封土推呈覆斗形，底部東西長 50 公尺，南北長 29 公尺，高 28 公尺。在安陵西北 270 公尺處有一墓冢，應是孝惠張皇后墓。張皇后名嫣，是呂后的外孫女，不到 10 歲即由呂后做主立為惠帝的皇后。墓冢呈覆斗形，底部東西長 70 公尺，南北長 63 公尺，頂部邊長 28 公尺，中部有塌陷，冢高 12 公尺。

《史記・外戚世家・集解》引《關中記》曰：「漢帝后同塋，則為合葬，不合陵也。諸陵皆如此。」由此證明，安陵西邊的土塚，應是張皇后墓。如果推測不誤，則所謂「后東帝西」就非定制了。

安陵陪葬墓現仍保留封土的，分佈在安陵以東的窰店鎮北部和白廟村一帶。封土堆多為圓錐形。按文獻記載陪葬安陵的有魯元公主、張敖、陳平、張倉、袁盎、揚雄和「商山四皓」等，但名位已難確指。

在安陵以北約 400 公尺處有安陵邑遺址。

〔註 15〕咸陽文物管理局：《咸陽文物志》，西安：三秦出版社，2008 年，第二章、古墓葬，頁 64～65。

在安陵以東約 2000 公尺處的狼家溝曾發掘一座陪葬墓，出土大量陶俑。1968 年在廊家溝出土「皇后之璽」玉璽一方。〔註16〕

四、霸　陵

大陸國家文物局 2021 年 12 月 14 日在北京召開線上會議，本次公佈的考古工作確定了漢文帝霸陵的準確位置，位於西安東郊白鹿原的江村大墓，截至目前，已在三處陵區內發掘了 7 座大型陪葬坑，出土文物上萬件。

據中新網報導，從 2018 年開始，陝西考古人員對位於西安東郊白鹿原的江村大墓展開發掘，這次考果成果，基本確認陝西西安市白鹿原江村大墓即為漢文帝劉恒的霸陵。

在尚未確認墓主人身分之前，陝西省西安市白鹿原的這處墓葬一直被稱之為「江村大墓」。

江村大墓位於陝西省西安市灞橋區。2016 年江村大墓外藏坑受到盜擾，為確認墓葬保存狀態及周邊文物分佈情況，經大陸國家文物局批准，考古工作者對江村大墓及其附近的竇皇后陵、薄太后南陵和相傳為漢文帝霸陵的「鳳凰嘴」地點，進行了系統的考古調查、勘探，並對陵園外藏坑進行了考古發掘。

江村大墓平面為「亞」字形，地表無封土，墓室邊長約 72 公尺、深 30 餘公尺，墓室四周發現 110 多座外藏坑，外藏坑周邊有卵石鋪砌的陵園設施（暫定名「石圍界」），邊長約 390 公尺，石圍界四面正中外側有門址，推測可能為獨立的帝陵陵園。

江村大墓與竇皇后陵週邊發現陵園園牆遺存，推測共處同一座大陵園內，大陵園東西長約 1200 多公尺，南北寬約 863 公尺。考古發掘了江村大墓的 8 座外藏坑，出土陶俑、銅印、銅車馬器及鐵器、陶器等 1500 餘件，銅印印文有「車府」、「器府」、「中騎千人」、「府印」、「倉印」、「中司空印」等，表明江村大墓周圍外藏坑應為模仿現實官署、府庫建造。

江村大墓的形制、規模均符合西漢最高等級墓葬規格，加之其週邊分佈竇皇后陵、薄太后陵，專家確認江村大墓為漢文帝霸陵。

這次考古工作確定了漢文帝霸陵的準確位置，解決了西漢 11 座帝陵的名位問題。霸陵雙重陵園、帝陵居中、外藏坑環繞的結構佈局，與漢高祖長

〔註16〕《咸陽文物志》，第二章、古墓葬，頁65。

陵、漢惠帝安陵顯示出明顯的差異，奠定了西漢中晚期帝王陵墓制度的基礎，對中國古代帝王陵墓制度的深入研究具有極為重要的意義。〔註17〕

江村大墓與霸陵、南陵、竇皇后陵位置關係

經考證後確認江村大墓才是真正的漢文帝霸陵。（圖／翻攝自央視）

漢文帝劉恒，高祖之子，早年封代王。太尉周勃等平定諸呂之亂後，迎立為帝。文帝以節儉著稱，他在位 23 年，宮室、苑囿、車騎、服飾無所增益。日常所著絲衣質地粗厚並明令寵妃「衣不得曳地，帷帳不得紋繡。」

漢文帝一改前代帝王移土起冢之慣例，選中此地作為自己的陵寢所在，下詔不另起墳。史載「治霸陵，皆為瓦器，不以金銀為飾。」文帝提倡薄葬，生前留下遺詔「厚葬以破業，重服以傷生，吾甚不取」。他反對國葬煩民，敕令治喪期間，民間「毋禁娶婦、嫁女、祭祀、飲酒、食肉」。並要求「佈告天下，使明知朕意」。

〔薄太后陵（南陵）〕

位於狄寨鮑旗寨村西北約 800 公尺處。薄氏，吳人（今江蘇省蘇州市），

〔註17〕台北：《聯合報》，2021 年 12 月 14 日，記者呂佳蓉報導。

漢高祖劉邦的嬪妃，劉恒之母，劉恒繼皇位尊她為皇太后。孝景前元二年（公元前 155）葬南陵。陵封土形似覆斗。高 24 公尺，底邊 173 公尺，面積 29929 平方公尺。1957 年被列為陝西省第二批名勝古蹟重點文物保護單位。1975 年中國科學院考古研究所西安研究室在陵冢西北 200 公尺處清理從葬坑 20 座，出土有彩繪女侍俑、陶罐、獸骨等。〔註 18〕

〔竇皇后陵（北陵）〕

位於霸陵任家坡村南約 200 公尺處。竇皇后，河北省清河人，呂太后時以良家女選宮。太后將竇賜給代王劉恒，代王獨幸竇姬。孝惠七年，生劉啟。文帝元年（前 179），劉恒即位為文帝，竇姬為皇后，劉啟立為太子。文帝後元七年（前 157），文帝崩。劉啟即位景帝，尊竇后為皇太后。元光六年崩（公元前 129）合葬霸陵。陵為覆斗形，高 19.5 公尺，底邊 143 公尺，面積 20449 平方公尺。1966 年陝西省考古研究所發掘，從葬坑 47 座。出土有陶俑、陶罐、獸骨等。〔註 19〕

五、陽 陵

漢景帝劉啟的陵墓。位於渭城區正陽鎮張家灣村北，是咸陽原上西漢九座帝陵中最東面的一座。劉啟是文帝與竇后之子，在位 17 年，平定吳、楚七國之亂，推行文帝以來的「與民休息」國策，始稱「文景之治」。

封土堆呈覆斗形，底部邊長 160 公尺，頂部邊長 55 公尺，高 31.80 公尺。景帝陵東北 470 公尺為王皇后陵，此陵過去被誤認作惠帝安陵，封土形制與景帝陵相同，唯規模略小，底部邊長 158 公尺，頂部邊長 45 公尺，高 26 公尺。

景帝陵與王皇后陵各置一座陵園，平面均為方形。景帝陵陵園邊長 410 公尺，陵園四面中央各闢一門，各門距帝陵封土均為 110 公尺。門外有雙闕，在門兩邊對稱分佈。四對門闕的大小、形狀基本相同。其中東、西、南門外闕址保存較好。以東門外闕址為例，底部東西長 20 公尺，南北長 40 公尺，高 4～5 公尺。二闕址間距 12～14 公尺。闕址附近暴露出牆壁、柱洞、鋪地磚、卵石散水等。門兩邊有配廊，廊道方磚鋪地，廊道外為卵石鋪設的散水。堆積層中有漢代板瓦、筒瓦、瓦當和鋪地磚等，瓦當中有雲紋和「千秋萬歲」、「與天

〔註 18〕編委會：《灞橋區志》，西安：三秦出版社，2003 年，文物名勝，頁 851。
〔註 19〕編委會：《灞橋區志》，西安：三秦出版社，2003 年，文物名勝，頁 851。

無極」、「長樂未央」文字瓦當等。王皇后陵園邊長 320 公尺,陵園四面各闢一門,四門離封土堆均為 90 公尺左右,門外築雙闕,在門兩邊對稱分佈,四門闕址大小、形狀基本相同。

在景帝陵東南 420 公尺處,有一處西漢建築遺址,遺址外貌略緩坡狀,東西長 120 公尺,南北長 80 公尺。遺址中部有一夯土台,台上有塊石板,平面為方形,邊長 1.70 公尺,後 0.40 公尺,石板上部加工成直徑 1.35 公尺的圓盤,圓盤中心有「十」字形凹槽,槽寬 3 公分、深 2 公分。經測定,該十字為正方向,當地群眾叫做「羅盤石」。台四周有卵石散水和磚鋪地面遺蹟。在此以東 250 公尺,王皇后陵正南有一處漢代建築遺址,內有大量磚瓦堆積。以上兩處遺址可能是寢園一類建築。

陽陵陪葬墓現仍保存封土的有 11 座,另有 20 多座陪葬墓的封土已被夷平。主要分佈在陽陵陵園東司馬門以東 1550 公尺,東西排列在東司馬門道南北兩面。陪葬墓區的範圍,大約東西長 1100 公尺,南北長 500 公尺,除陽陵北面的兩座外,其於的都在高陵縣馬家灣鄉崔家原村東南和米家崖村西南。

陽陵陪葬者有栗姬、蘇建家族等。1972 年,考古工作者在陽陵西北 1500 公尺狼家溝村發掘刑徒墓 29 座。

陽陵邑位於陽陵以東,約在今高陵縣馬家灣鄉一帶。

1990 年 5 月在陽陵東司馬道南側與王皇后陵南北相對處,發現大規模陶俑群。鑽探出俑坑 24 個,多成南北向長條狀,寬 4 公尺,長度不一,最短的 25.30 公尺,最長的 291 公尺。個別坑形不規則。俑坑佔地約 96000 平方公尺。陶俑均男性裸體,高 62 公分,彩繪。雙臂脫落。還伴出木車、銅鏃、弩機、戟、鐵矛、劍、錛、鑿、鋸等。〔註20〕

〔註20〕 《咸陽市文物志》,第二章、古墓葬,頁 66。

漢景帝陽陵陵園、從葬坑平面圖

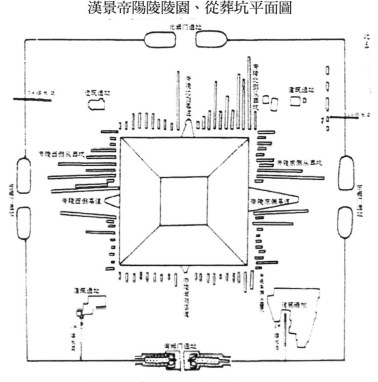

圖取自《咸陽市文物志》，頁 66。

六、茂　陵

　　漢武帝劉徹的陵墓。位於興平市南位鄉東南部，西鄰東坡村，東鄰道常村，南鄰高幹渠，北鄰張里村和策村。陵寢始建於武帝建元二年（前 139），歷時 53 年建成，是西漢帝陵中規模最大的一座。劉徹是景帝與王皇后之子，16 歲即位，在位 54 年。罷黜百家，獨尊儒術；進擊匈奴，開拓疆土；窮奢極慾，繁刑重斂。

　　陵墓封土堆形如覆斗，夯築，高 46.50 公尺，頂部東西長 39.25 公尺，南北長 40.60 公尺，底部四邊長度略有差別，東邊長 243 公尺，西邊長 238 公尺，南邊長 239 公尺，北邊長 234 公尺。陵園平面呈方形，園寬 5.80 公尺。四面牆垣中部各闢一門闕，今存東、西、北三面門闕遺址，可見瓦礫及紅燒土。在茂陵西北約 500 公尺處有武帝寵妃李夫人墓，又稱英陵，封土堆較小，底部四邊長度不等，東邊長 127 公尺，西邊長 127.70 公尺，南邊長 108.30 公尺，北邊長 102.50 公尺，高 23.99 公尺。封土堆半腰處內收成二層台。無陵園跡像。

茂陵陪葬墓多在茂陵以東，尚存封土堆的有 12 座。可確定名位的有衛青墓、霍去病墓、霍光墓、金日磾、陽信長公主墓、公孫弘墓等 6 座。

茂陵邑據文獻記載是西漢陵邑中最大的一座，其位置至今未完全搞清楚。一說在茂陵東南，一說在茂陵北面。

1979 年在茂陵東側霍去病墓旁建立茂陵博物館。〔註 21〕

七、平　陵

漢昭帝劉弗陵的陵墓。位於秦都區雙照鎮大王村南。這裡的兩座陵墓過去被誤認為漢哀帝義陵和漢平帝康陵。陵前有畢沅書立的哀帝義陵和平帝康陵的碑石，而把位於周陵鎮新莊村南的漢元帝位陵當作平陵。劉弗陵是武帝與趙婕妤（鉤弋夫人）之子，8 歲即位，由霍光等輔政。機敏周達，英年早逝，在位 13 年。

《三輔黃圖》卷六、陵墓：「昭帝平陵在長安西北七十里，去茂陵十里。」「平陵在咸陽縣西北二十里，帝初作壽陵，令流水而已。石槨廣一丈二尺，長二丈五尺，無得起墳陵。陵東北作廡，長三丈五步。外為小廚，裁足祠祝。萬年之後，掃地而祭」。

昭帝陵封土底部和頂部平面均為方形，底部邊長 160 公尺，頂部邊長 49 公尺，封土高 29 公尺，封土上部在距頂部 2.25 公尺處四邊內收形成二層台。台東西長 4 公尺，南北長 3 公尺。上官皇后陵在昭帝陵東南，封土底部平面為方形，邊長 150 公尺，頂部平面為長方形，東西長 25 公尺，南北長 30.50 公尺，封土高 26.20 公尺。

昭帝和上官皇后各置一陵園。昭帝陵陵園平面為方形，邊長約 370 公尺。陵園四面中央各闢一門，門距封土 110 公尺。門道發現路土遺蹟。現在地面讓仍保留有東門和南門外的兩對闕址，每對闕址的兩闕間距為 16 公尺。每個闕面寬 29 公尺，進深 6 公尺，殘高 1.60 公尺。上官皇后陵陵園平面亦呈方形，邊長 400 公尺，陵園四門外置雙闕，兩闕間距 16 公尺，每個闕址面寬 25 公尺，進深 6 公尺，殘高 3.50 公尺。

在昭帝陵園東南部和西北部發現了大面積的建築遺址。東南部建築遺址或為寢園一類建築。西北部建築遺址分佈範圍東西長 100 公尺，南北長 200 公尺。與茂陵陵園西北部高台建築的位置十分相似。上官皇后陵陵園西北部有一

〔註21〕《咸陽市文物志》，第二章，古墓葬，頁 67。

片建築遺址，陵園東北角和東南角還發現了排水管道設施。

　　昭帝陵與上官皇后陵之間有一條連接兩陵的東西向道路，路寬 5 公尺。考古工作者在此路兩側，分別發現了東西向排列的成組玉器。每組間距約 2 公尺。每組玉器均由玉璧和玉圭組合而成。玉璧直徑 4.5 公分；玉圭長 6.2 公分，寬 2.3 公分。每組有一枚玉璧置於中央，四周均勻圍繞著七、八件玉圭，圭尖向內，朝向玉璧。在平陵以東和東北，可能還分佈著一些帝陵陪葬坑，上帝王村西南發現的西漢陶俑，無疑是其中的部分遺物。在上官皇后陵園以南，發現埋有數十峰駱駝的從葬坑。

　　咸陽市文物考古研究所於 2005 年對平陵做了進一步的調查與鑽探，獲取了一些新的數據和資料，對最終確定帝陵和后陵的相對位置是非常有益的。

　　平陵陪葬墓主要分布在平陵以東的南上召村、黃家窯村和西石村，另外在平陵以北有 1 座。見於文獻記載的平陵陪葬者有竇嬰、夏侯勝、朱雲、張禹和韋賢等。

　　在平陵的東北方向北起龐村，南道高幹渠、東至北上召村，東西和南北長約 1500～2000 公尺的範圍內有平陵邑遺址。在龐村出土有「土氏一斗」銅鼎一件。〔註 22〕

八、雲　陵

　　在咸陽市淳化縣鐵王鄉大圪墶村西，為西漢昭帝母鉤弋夫人趙太后之墓。陵為覆斗形，底邊長 155～158 公尺，頂邊長 37～39 公尺，高 35 公尺，夯築。陵垣四邊正中各有夯築闕門 1 處，高 2～5 公尺，寬 4～10 公尺，長 20 公尺餘。垣牆不存，以闕門向左右延伸至交叉點測量，東西垣牆長 337 公尺，南北垣牆長 283 公尺，周長 1220 公尺。陵園東南角和西南角各有土丘 1 處，可能為角樓建築遺址。雲陵附近建築材料豐富，有鋪地磚、條磚、子母磚、空心磚、板瓦和筒瓦、五角形和圓形陶管道、「衛」、「長生未央」和雲紋瓦當。

　　雲陵邑城遺址在雲陵西北約 500 公尺，俗稱「故城」。《漢書·昭帝紀》：後元二年（前 87）秋，「追尊趙婕妤為皇太后，起雲陵。以其地置雲陵邑」。城應築於此時。城牆斷續可見。

〔註 22〕　《咸陽市文物志》，頁 67～68。

漢雲陵、雲陵邑遺址示意圖

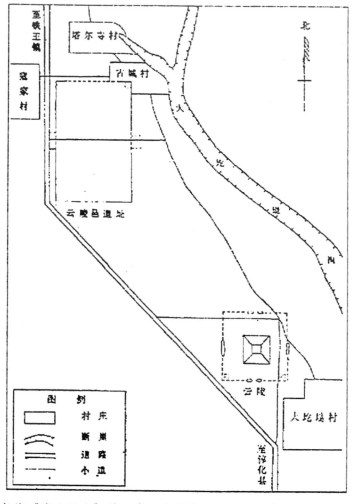

2000 年修《淳化縣志》第二章、古墓葬，西安：三秦出版社，頁 984；
姚生民：〈漢雲陵與鉤弋夫人研究〉，《文博》，1999 年第 1 期。

九、廢帝（海昏侯）劉賀墓

南昌西漢海昏侯墓考古發掘專家小組 2016 年 3 月 2 日在北京確認，「富可敵國」的海昏侯墓主為漢武帝之孫、第一代海昏侯、「漢廢帝」劉賀。

江西省政府 2016 年 3 月 2 日在北京首都博物館舉行新聞發佈會，介紹南昌西漢海昏侯墓考古成果，說明大陸考古人員是從出土木牘、金器和印章確認劉賀身分。木牘是墓主生前寫給漢朝皇帝的奏摺，奏摺中寫的年代，與劉賀任海昏侯的年代符合。金器是墓主生前進貢給漢朝皇帝，寫有海昏侯「臣

賀」字樣。另外，在內棺墓主人腰間部位，印章上寫有「劉賀」二字。

　　劉賀一生堪稱傳奇，經歷王、帝、庶民、侯等四種身份。文獻記載，劉賀祖父是漢武帝劉徹、祖母是漢武帝寵妃李夫人，父親為劉髆。他四歲為王，十八歲稱帝，在位僅廿七天就遭廢黜，其後以平民身分被幽禁在山東近十年，廿九歲又被封為海昏侯並移居豫章國（今江西南昌），此後不到五年就在封地去世，終年卅三歲。

　　廿七天的帝王經歷，劉賀被百官舉報了一千一百廿七件荒唐事，平均每兩小時就做一件「壞事」，在史書留下「荒淫迷惑，失帝王禮儀，亂漢制度」罪名。

　　然而，劉賀墓出土文物卻顯示，墓主是位知書達禮、愛好音律、情趣高雅的人。劉賀究竟是甚麼樣的人？因何遭到罷黜？出土文物賦予他生鮮形象，也留下更多謎團。〔註23〕

十·杜　陵

　　漢宣帝杜陵位於西安市雁塔區曲江鄉三兆鎮南，潏、滻兩河之間的鴻固原上。漢宣帝劉詢，字次卿，武帝戾太子之孫。元平元年（前74）昭帝身亡絕嗣，大將軍霍光迎劉詢為帝，黃龍元年（前49），崩於未央宮，單獨起陵於此。

　　《咸陽縣志》引《長安志》云：「杜陵之制正方，詢之居人，每方百二十步。據地六十畝，四面去陵十餘步，皆有觀闕基礎。」杜陵陵園呈正方形，每邊垣牆長230公尺左右，牆基寬約3.4公尺，四面垣牆正中各闢一門，由門道、左右塾和左右配廊構成。已發掘的東門遺址位於陵冢以東110公尺處，門址的門道和陵冢東墓道相對。在東門遺址還出了方磚、長方磚和長條磚，還有大量表面為直繩紋、內為布紋的筒瓦和「長樂未央」、「長生無極」瓦當等建築用磚瓦。

　　杜陵陵冢位於陵園正中，用夯土築成，呈覆斗形。現高29公尺，底邊長為170公尺，頂每邊長50公尺。杜陵東南187公尺處有寢殿建築遺址，在該遺址處曾出大量磚瓦建築材料和鎏金銅構件。

〔註23〕2016年3月3日，台北：《聯合報》記者汪莉絹報導；劉勝蘭：〈海昏侯內棺中隱藏著的劉賀祕密〉，《中國國家地理》，2017年12月；辛德勇：《海昏侯劉賀》，生活·讀書·新知三聯書店，2019年。

杜陵東南 575 公尺，為孝宣王皇后陵。陵墓封土為覆斗形。封土底部和頂部均為方形，底部與頂部邊長分別為 145 公尺和 45 公尺，封土高 24 公尺。陵園平面呈方形，邊長 330 公尺，牆基寬 3.5 公尺，陵園四面牆垣中央各闢一門。其中東門遺址已經發掘。

杜陵正南七、八公里處尚有一座較大墓冢，俗稱「少陵」，是宣帝第一個皇后孝宣許皇后的墓。

杜陵陪葬坑位於陵園之北。1982 年冬，考古工作者鑽探出 4 個形制各異的陪葬坑，並對其中 2 個進行發掘。坑內遺物被盜嚴重，殘留遺物也多被破壞。

杜陵陪葬墓主要分佈在陵東南，東部和北部也有。從地上現存封土情況看杜陵陪葬墓有 62 座，原來有封土的陪葬墓可能更多。〔註24〕

「杜陵遠眺」自古就是長安一景

李白　杜陵絕句

南登杜陵上　北望五陵間

秋水明落日　流光滅遠山

杜陵遠眺古來景，謫仙李白留詩證；蒼茫河嶽縱目觀，能不登臨臆滿胸？

地處西安東南的杜陵，是漢宣帝劉詢的陵墓，為國家級重點文物保護單位。杜陵還處在歷史上著名的皇家禁苑——大漢上林苑之中，當年苑內廣植奇花異樹，畜養珍禽異獸，自古即為風景勝地。尤其是，杜陵位於鴻固原最高處，自古就是京城長安制高點。在此登高：北眺則京師盡收眼底，各類宮觀建築，花團錦簇，美不勝收；南望則終南名山蒼茫起伏，如畫、如屏，意境深邃；東面可望見滻水如練，白鹿原青黛；向西能看見宜春下苑。

詩仙李白登陵遠眺後留下著名詩篇《杜陵絕句》：南登杜陵上，北望五陵間；秋水明落日，流光滅遠山。杜陵遠眺，至少自唐代起就成為京城長安一景，也成為文人墨客賞景抒懷的雅趣之一。李白一人就有數篇在此登高眺遠抒寫胸臆的詩作，此外，唐代著名詩人宋之問、喬侃、杜甫、韋應物、岑參等數十名大家都有在此登高抒懷或與杜陵相關的詩作傳世。

時代變遷，山河滄桑，但杜陵高地的地位未變。登陵北望，高樓林立、車

〔註24〕　《陝西省志‧文物志》，頁 93～94；清‧張聰賢、董曾臣修：《長安縣志》，台
　　　　北：台灣學生書局重印，1967 年，頁 751。

水馬龍的西安市區，宛若海市蜃樓；南望，秦嶺蜿蜒起伏，悠遠蒼茫；陵區四周千畝生態林木拱衛，鬱鬱蒼蒼，生機無限。今日「杜陵遠眺」所映入眼簾的壯觀、錦繡、妖嬈，都是昔日無可比及的。

　　身後悠遠的文化底蘊，無可替代的獨有人文價值，歷史與造化形成的區位高度優勢，使得「杜陵遠眺」有條件成為西安新八景之一。〔註25〕

十一、渭　陵

　　位於周陵鎮新莊村南約 300 公尺。元帝劉奭與王皇后、傅昭儀合葬陵。劉奭字盛，共哀許皇后出，黃龍元年即帝位，竟寧元年（前 33）「五月壬辰，帝崩於位央宮，秋七月丙戌，葬渭陵。」諡號「高宗孝元皇帝」，史稱元帝。《漢書·元帝紀》：「以渭城壽陵亭部原上為初陵」，故稱「渭陵」，營造於永光四年十月。現存封土覆斗形，平面方形，陵基邊長東西 148.5、南北 171 公尺，頂部東西 51.3、南北 47.7 公尺。封土高 27 公尺。佔地 38.09 畝。1984 年建碑樓兩座。

（一）陵　園

　　平面近方形，邊長東西 400、南北 410 公尺。牆基寬 4.5 公尺，每邊牆垣中間原各闢一門，門外兩側各有土闕一對，除北邊在「農業學大寨」中被平掉外，其餘三面保存較好，距封土各為 110 公尺左右。每門闕址相距 14～16 公尺，土闕台基面寬 46 公尺，進深 10 公尺，殘高 2～3 公尺，夯層厚 6～7 公分。西漢末年，王莽篡漢後，毀壞了陵園門闕上的罘罳，又抹黑陵園的牆壁。現存土闕旁地面遺留有外繩紋、內素面板瓦，外繩紋、內布紋筒瓦。在陵園北約 400 公尺處，新莊南村支渠北有一東西約 200 公尺，南北 100 公尺的西漢建築遺址，遺址內有鋪地磚、卵石散水路面等。60～70 年代社員在取土打牆中，偶爾發現一批西漢時的玉鷹、玉熊、玉辟邪和鎏金銅鼎、銅鐘。

（二）王皇后陵

　　位於渭陵封土西北約 370 公尺。王皇后名政君，王禁之女，劉奭為太子時被選入宮，作為「後宮家人子」。元帝即位後立為皇后，漢成帝時尊為皇太后。王莽始建國五年（3）卒，稱號「孝元皇后」，合葬渭陵。封土覆斗形，平面方

〔註25〕林夕：《大漢上林苑》，2014 年 7 月試刊號；《陝西省志·文物志》，古墓葬，頁 93～94。

形，陵基邊長 90 公尺，頂邊長 36 公尺。高 13.5 公尺。陵園稱長壽園，方形，邊長 300 公尺。四后才人，元帝即位後封為昭儀，深受寵幸。劉欣為太子時，封其為定陶太后。劉欣即位後，定陶太后於元壽元年謝世，哀帝下令以皇后禮儀合葬渭陵，稱孝元傅皇后，因墓在元帝陵之東，又稱「渭陵東園」。哀帝死後，王莽執政，王氏外戚權勢倚重，以傅昭儀不該「與元帝山齊」，調遣數千人，歷時 20 多天，夷平封土，謂之「增墲」或「增阜」，亦稱廢陵。現存留封土東西 170、南北長 150 公尺，高約 5 公尺。

（三）陪葬墓

主要分佈在南面和東面，有二十八宿、七妃墓。東南約 1500 公尺坡劉村、戚家山有 5 座墓，西南有 3 座墓。二十八宿在新莊一組東，東西排列 4 行，每行 7 座，現殘存 11 座。咸宋公路北原有 10 餘座墓，已毀。據記載，陪葬渭陵的主要有王鳳、馮奉世、馮媛、孝睦皇后（王莽妻王氏）。〔註26〕

十二、延 陵

位於周陵鎮嚴家溝西，咸宋公路東，渭惠渠北側。成帝劉驁與許皇后合葬陵。劉驁字太孫，王皇后出，3 歲立為太子，竟寧元年（前 33）即帝位。《漢書·成帝紀》綏和二年（前 7）三月丙戌暴死未央宮，「四月己卯，葬延陵」，諡號「統宗孝成皇帝」，史稱成帝。延陵營造於成帝建始二年（前 31），歷時近 20 年，因地在漢「渭城延陵亭部」，故名。《漢書·陳湯傳》載：延陵「外勢高敞，旁近祖考。」西漢自元帝渭陵起不再設陵邑，而成帝欲恢復這一制度。但延陵東臨渭陵，西有平陵，西北有平陵陪葬墓區，南面地勢低，周圍無拓展餘地，便籌劃另選陵址。鴻嘉元年（前 20），成帝藉口寶將軍的竹園在延陵陵廟之南，「恐犯蹈之」，決定停止已耗費巨資的延陵工程，在長安東新豐縣戲鄉步昌亭附近（今西安市霸橋陸旗營東 15 里，與臨潼縣交界處）重建昌陵。由於步昌亭附近地勢較低，要築高大的墓塚，首先要把地勢墊高，於是徵調卒役數萬，「取土東山」。因距離遠，耗資巨大，築陵之土「貴同粟米」。幾年之間「靡費巨萬」，「國家罷敝，府藏空虛」。至鴻嘉五年，昌陵玄宮和陵園司馬門工程還未完成，「卒徒蒙辜，死者連屬，百姓罷極，天下匱竭」，致使「死者恨於下，生者恨於上」。由於社會階級矛盾日趨尖銳，成帝才停止了昌陵工程，二次續

〔註26〕張德臣：《渭城文物志》，西安：三秦出版社，2007 年，古陵墓，頁 82～84。

建延陵。延陵封土覆斗形，底部和頂部平面均為方形。底部邊長南北 172.8、東西 171.9 公尺；頂部邊長南北 49.5、東西 54 公尺。封土高 29.9 公尺。佔地面積 44.55 畝。陵頂中央有一深坑。

（一）陵　園

平面近似方形，東西長 382、南北長 400 公尺，陵園四邊中間各闢一門，門上原有罘罳。門二闕相距 12 公尺，台基面寬 48、進深 13、高 3 公尺。東、西、北門闕僅留殘迹，土闕旁散見外繩紋、內素面板瓦和外繩紋、內布紋筒瓦。朱雀門外有一東西長約 50、寬約 10 公尺的夯土台，地層散見有漢代磚瓦殘片，附近曾出土過排列整齊的玉圭。

延陵西有一覆斗形大冢，傳為許皇后陵。許皇后聰慧，善詩書，甚得帝寵愛，後被廢居上林苑章台宮。因淳于長多方話動，又立為左皇后。當她與淳于長私通事發後，成帝「賜藥自殺，葬延陵交道厩西」。謚號「孝成皇后」。

（二）陪葬墓

主要分佈於延陵南、西、東三面，現存有紅烏溝 1 座，陳老戶寨 1 座，蘇家寨 2 座，郭旗寨 3 座、五莊 4 座。陪葬延陵的有班婕妤、趙飛燕、馬婕妤、薛宣等。延陵東北 600 公尺處有一覆斗形墓冢，畢沅立碑為「周恭王陵」，群眾稱「愁女子」，或轉音為「醜女子」、「臭女子」，又稱「臭娘娘冢」。冢周圍曾出土雲紋瓦當及漢代磚塊。始載：班婕妤「至成帝崩，婕妤充奉陵園，因葬園中。」一說是趙飛燕墓。延陵東約 500 公尺有一冢，殘高 5 公尺，封土底部東西 100、南北 120 公尺，當為馬氏二婕妤墓，一冢已平掉。〔註27〕

《漢書·成帝紀》云：建始二年（公元前 31 年）「閏月，以渭城延陵亭為初陵，」據文獻記載，當延陵建造十年之後，曾一度停建，成帝又於渭河南岸的新址建造昌陵，時經五年，未成而罷，復作延陵。〔註28〕

十三、義　陵

漢哀帝義陵位於陝西省咸陽市周陵鄉南賀村東南。哀帝劉欣，元帝庶孫，定陶王劉康之子，因成帝劉驁無子，故立為帝。建平二年（前 6）改年號為太初元年，自稱陳聖劉太平皇帝。哀帝在農民反抗聲中死去，終年 26 歲，葬義陵。

〔註27〕張德臣：《渭城文物志》，古陵墓，頁 84～85。
〔註28〕尚民杰：〈漢成帝昌陵相關問題探討〉，《考古與文物》，2005 年第 2 期。

義陵陵園呈正方形，邊長約 420 公尺，今垣牆殘高 1 公尺左右，寬約 0.7 公尺。北垣牆正中現存一門闕，其餘三面垣牆門闕已無遺蹟可尋。義陵陵冢位於陵園正中，覆斗形封土堆高約 30.41 公尺，陵基邊長 175 公尺。陵園東北 620 公尺處，有哀帝傅皇后合葬陵。義陵陪葬墓分佈在陵園東面和南面，共有 15 座。近年在義陵附近曾出土「高安萬世」瓦當。據《漢書·佞幸傳》載，哀帝寵臣董賢曾被封為「高安侯」，推測「高安萬世」瓦當應為董賢陪葬時建築用瓦，但今名位難考。

十四、康　陵

漢平帝康陵，位於元帝渭陵西北，成帝延陵東北，今陝西省咸陽市周陵鄉大寨之西。平帝劉衎，九歲即皇帝位。元始五年（5）王莽於未央宮用椒酒毒死平帝，篡奪帝位，改國號為「新」。同年，葬平帝於康陵，時年僅 14 歲。

康陵陵園略呈正方形，東西 423 公尺，南北 417 公尺，四面垣牆之中建有闕門，但今已無遺蹟。康陵陵冢形如覆斗，近冢頂內收成台，台面距冢頂 5.5 公尺。陵冢通高 30.6 公尺，陵基邊長約 210 公尺。

平帝王皇后合葬陵位於康陵東南，陵冢形如覆斗，陵園略呈正方形。〔註 29〕

考古資料表明，漢平帝康陵雖然仍延用西漢中期以來的雙重陵園制度，但陵園卻由東西向長方形變為南北向長方形，而且僅在康陵陵園南側正中開有一門，顯示其陵園似乎由原來的坐西面東變為坐北面南。

康陵陵區沒有陪葬墓。康陵陵區周圍經考古調查、勘探，沒有發現一座漢代墓葬，也沒有發現像漢景帝陽陵那樣用壕溝區分開來、經過規劃呈棋盤格狀的陪葬墓區。〔註 30〕

漢代陵墓除設有陵園和寢園外，禮儀建築還有陵廟。陵廟出現於何時？楊寬先生認為，從秦昭王起已開始把廟建到王陵的附近。劉慶柱先生則說陵旁立廟始於西漢。《漢書·韋賢傳》載：「京師自高祖下至宣帝，與太上皇、悼皇考各自居陵旁立廟。」但一般認為，高祖長陵附近建「原廟」，並不是真正的「陵旁立廟」之始，這個制度應創於漢景帝，始於文帝霸陵。從目前已有的考古資料來看，西漢諸帝的「廟」大體上造在離陵墓 300 公尺到 400 公尺的地方，方向位置依地勢而定，並不固定。〔註 31〕

〔註 29〕《陝西省志·文物志》，古墓葬，頁 95。
〔註 30〕馬永贏：〈漢平帝康陵佈局試析〉，《文物》，2014 年第 6 期。
〔註 31〕王雙懷：《陝西帝王陵》，西安出版社，2010 年，頁 73。

　　劉慶柱、李毓芳先生在其力作《關於西漢帝陵形制諸問題探討》中，專節討論帝陵陵園與都城長安的關係，認為「西漢帝陵陵園係模仿都城長安而築」，「帝陵陵墓的封土，似皇帝的『正殿』，即所謂『象生制度為殿屋』」，「帝陵陵墓四條墓道，猶如帝王為『開四聰，延直言之路，下不諱之詔，立敢扒之旗』而開闢的『四門』」。「帝陵封土四周的牆垣，猶如皇宮『宮牆』。陵園牆垣四面中央各闢一門，此猶皇宮四門」。「帝陵陵園象徵未央宮，皇后陵陵園象徵長樂宮」。至於分佈在陵東、陵北的陪葬墓的陵邑，他們認為，權貴們是受「漢長安城居民貴宣平之地」、「視未央宮北闕附近為『甲第』」觀念的影響，「這是他們京城生活的反映」。〔註32〕

　　趙化成先生則認為，「西漢帝陵陵園是大體模仿宮城即未央宮而設計的」。〔註33〕

　　焦南峰先生認為，漢陽陵不同的陪葬坑不是籠統地代表或象徵「婢妾」、「廚」、「廐」之屬，它還代表和象徵「宮觀及百官位次」，代表不同的政府機構及設施（包括軍隊在內）。這些陪葬坑在空間、規模、內涵等方面的差異反映了它所代表的各個政府機構及設施的等級、功能上的不同及其與皇權之間關係的區別，是西漢帝國各個政府機構、各種設施的真實再現。〔註34〕

　　漢制，天子即位的第二年，即開始營建壽陵（在皇帝沒死之前所造的陵，初作陵，未有名，故號壽陵，蓋取長久之意。漢至文帝以後皆預作陵），所用的經費為天下貢賦的三分之一，一供宗廟，一供賓客。所以天子在位愈久，陵墓內的陳設愈豐富。〔註35〕按《後漢書·禮儀志注》云：

漢舊儀略載前漢諸帝壽陵曰：天子即位明年，將作大匠營陵地，用地七頃，
　　方中用地一頃，深十三丈，堂壇高三丈，墳高十二丈，武帝墳高二十
　　丈，明中高一丈七尺，四周二丈，內梓棺柏，黃腸題湊。以次百官藏
　　畢。其設四通羨門，容大車六馬，皆藏之內方，外陟車石，外方立，
　　先閉劍戶，戶設夜龍莫邪劍，伏弩設伏火，已營陵，餘地為西園后陵，
　　餘地為婕妤以下，次賜親屬功臣。

〔註32〕劉慶柱、李毓芳：〈關於西漢帝陵形制諸問題探討〉，《考古與文物》，1985 年
　　　　5 期。
〔註33〕趙化成：〈秦始皇陵園佈局結構的再認識〉，載《遠望集》，西安：陝西人民美
　　　　術出版社，1998 年。
〔註34〕焦南峰：〈試論西漢帝陵的建設理念〉，《考古》，2007 年第 11 期。
〔註35〕石璋如：《漢唐的國都陵墓與疆域》，《大陸雜誌》，6 卷 8 期。

西漢有陵邑之制，即於帝王陵墓邊徙置豪富遊俠遷居陵旁，每陵皆達萬戶至數萬戶（漢武帝茂陵有陵戶六萬一千戶），一方面可以抽稅捐供奉邑祭祀之用，一方面可使長安城內間詐之徒遁形，一方面可將郡國財富集中於盛城，以收強幹弱枝之效，而陵旁漸漸成為熱鬧之市鎮，例如漢平帝元始元年，高祖長陵達十八萬人，武帝茂陵達二十七萬七千人，其他如惠帝安陵，景帝陽陵，昭帝平陵皆達十萬人口，而文帝霸陵、宣帝杜陵、文帝母薄姬南陵皆有數萬人口，其中長陵、茂陵、安陵、陽陵、平陵最繁榮，合稱「五陵」。〔註36〕

《文獻通考》，卷一二四，長陵條：

> 漢興立都長安，徙齊、田、楚、昭、屈、景及諸功臣家於長陵。後世世徙吏二千石高貲富人及豪傑兼并之家於諸陵。長陵邑萬戶。奉常屬官，有諸廟寢園令長丞。東園匠令丞主作陵內器物。又有園郎寢郎，故事近臣皆隨陵為園郎。園中各有寢便殿，日祭於寢，月祭於廟，時祭於便殿。寢日四上食，丞相以四時行園。

長陵邑五萬五十七戶，茂陵邑六萬一千八十七戶（《漢書·地理志》），元帝永光四年（公元前40），營造渭陵，詔勿置陵邑（《漢書·元帝紀》）其後各帝陵，皆不置邑。故漢代僅元帝以前七帝有陵邑，在渭南者二，渭北者五。五陵豪家俠少，競為華奢，常被後世詩人歌詠。

前漢諸陵，除霸杜二陵外，均被赤眉所發掘。霸杜二陵亦毀於晉愍帝建興三年（公元315年）之一次盜掘，其珠玉綵帛數以千萬，此蓋其臣下未體念文帝恭儉之素志矣！至於霸陵之瓦器以黃土燒成，其上有直紋並刻有「霸陵」二字，今台北歷史博物館藏有一塊。〔註37〕

漢代各陵園有陵令、園令及丞、屬太常，如魏相為茂陵令，司馬相如為文園令，朱博為安陵丞，由於漢代有徙郡國民以起陵邑之制，陵之左右前後即成縣邑，故陵園之長官即略同於地方長官，與後世制度不同。〔註38〕

〔註36〕 葉大松著：《中國建築史》，第八章、漢代建築，第二節、兩漢之都城計劃，台北：信明出版社，1973年，頁395。

〔註37〕 葉大松著：《中國建築史》，第八章、漢代建築，第十一節、兩漢之陵墓建築，台北：信明出版社，1973年，頁510。漢文帝霸陵遺物早有出土，但不知出土自何地？2021年經專家確認西安市灞橋區的江村大墓為漢文帝陵。

〔註38〕 瞿蛻園著：《歷代職官簡釋·陵園令》。

附 載

1. 義帝陵是秦末反秦起義軍楚義帝熊心的陵墓，位於湖南省郴州市北湖區文化路中段西側。

2. 匈奴王墓　在蒙古國土謝圖汗阿伊馬柯山內，曾出土（在 1924～25 年）很多匈奴、漢朝的東西。

3. 滇王墓　在雲南晉寧縣城西五公里石寨山，曾發掘出滇王墓及其族群墓，出土物甚多有犁、鋤、鏟、鐮、鋸、銅鼓、銅斧、銅劍，多為銅製（出土物中少部分為鐵製），在石寨山第六號墓出土有滇王金印，疑為一代滇王之墓。此出土物對於研究古代西南少數民族歷史，具有極大的意義。同時也出土了西漢的半兩錢及五銖錢，證明滇國與漢朝之密切關係。

4. 南越王墓　南越國是西漢前期嶺南地區的割據政權，傳 5 世 93 年，後為漢武帝所攻滅。第 1 代王趙佗原為秦始皇部將，秦亡，趁機建南越國，是為南越武王，建都番禺（今廣州市），他在位 67 年，死於漢武帝建元 4 年（前 133 年）。

南越武王趙佗墓，三國時吳主孫權曾「發卒數十尋掘其冢，竟不可得。」1983 年秋，廣州市區的象崗發現孫權沒找到的南越第 2 代王——文王趙眜的陵墓。

趙眜墓採鑿山為陵，用紅砂岩建在山腹中，墓頂用 24 件大石頭覆蓋，按「前朝後寢」佈局設計。墓內 7 室各有其使用功能。後部 4 室，主室居中，放置墓主棺槨，但已經腐朽。墓主身穿玉衣，頭枕絲囊珍珠枕，屍骨朽腐，僅保存小量顱骨和牙齒。令有 1000 多件（套）文物，伴隨出土。為研究嶺南地區早期工藝、冶鑄、飲食和廣州市的發展、對外貿易等方面的重要實物。〔註 39〕

〔註 39〕劉慶柱主編：《二十世紀中國百項考古大發現》，北京：中國社會科學出版社；謝敏聰：〈廣州的歷史與名勝〉，台北：《經緯》，第 7 期，1991 年 10 月。

圖　版

太上皇陵

漢高祖長陵（一）

漢高祖長陵說明

漢高祖長陵（二）

呂后陵

陝西省咸陽市楊家灣附近，漢初陪葬墓出土的兵馬陶俑

地屬漢長陵的陪葬墓區。（咸陽博物館），謝敏聰攝。

漢惠帝安陵　　　　　　　　　漢惠帝安陵陪葬墓遠景

漢景帝陽陵　　　　　　　　　漢陽陵南闕門

漢景帝王皇后陵　　　　　　　漢雲陵

原被誤認為漢文帝霸陵的鳳凰嘴

霸陵原址的千年誤會，一部份源自於元朝的駱天驤撰的《類編長安志》，其中記載漢文帝陵墓位在白鹿原東北角「鳳凰嘴」，此處為一個突出的山頭，山形類似帝陵封土，再加上「因山為陵」認知的誤導之下，鳳凰嘴前立有許多碑石，包含「康熙二十七年御製碑」、「雍正元年祭祀碑」及「嘉慶二十四年御祭碑」等，導致後世都以為霸陵就在這裡。

然而 2021 年 12 月 14 日上午大陸國家文物局在北京召開線上會議，確認位於西安市白鹿原西邊的江村大墓就是漢文帝霸陵，由於 2016 年這座不知主人的陵墓被盜墓賊入侵，為了確保墓葬情況，大陸國家文物局批准在白鹿原進行考古、探勘，未料竟發現鳳凰嘴沒有任何古墓遺存，反而在江村大墓中出土包含陶俑、銅印、銅車馬器及鐵器、陶器等 1500 餘件古物，並且江村大墓的形制、規模皆符合西漢最高等級的墓葬規格。

漢武帝茂陵　陝西興平市。為西漢最大的陵寢。

清‧畢沅所題茂陵陵碑

衛青墓陪葬茂陵

霍去病墓碑

霍去病墓正面

霍去病墓最有名的
馬踏匈奴石刻

霍去病墓石雕——臥牛

霍去病墓石雕——臥馬

霍去病墓側景

漢武帝為紀念霍去病為漢室取得河西走廊，特將霍去病墓形疊為祁連山形，陪葬漢武帝茂陵（陝西興平市）。

漢昭帝上官皇后陵封土

漢宣帝杜陵

漢杜陵碑

漢杜陵文保碑

渭陵

渭陵（左）及皇后陵（右）

渭陵墓（左邊小墓）及皇后陵（東南大墓）

成帝延陵封土西面

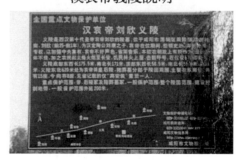

義陵

漢哀帝義陵說明

義陵南部陪葬墓

康陵

滇王之印（資料照片）　　　　　滇王之印（資料照片）

 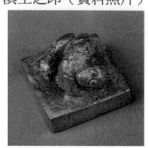

南越王墓博物館外觀

南越王墓博物館，為西漢前期在嶺南地區的南越國文王之墓，出土文物 1000 多件，為瞭解當時嶺南的開發、文化的發展、南越國的歷史，提供珍貴資料。

南越王墓地宮室頂外部所標墓室　　　南越王墓主棺室出土屏風飾件
隔間（模型）謝敏聰攝　　　　　　（資料照片）

南越王墓主棺室出土絲縷玉衣（資料照片）

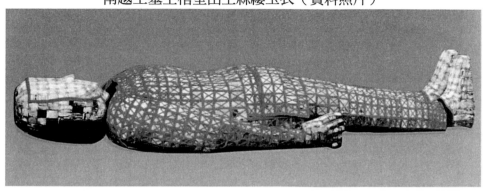

南越王墓西耳室出土圓雕玉舞人
（資料照片）

主棺室出土「文帝行璽」金印
（資料照片）

主棺室出土犀角玉杯（資料照片）

第八章　兩漢間過渡時期的陵寢

第一節　新朝陵寢

帝　系	姓　名	陵　地
新莽	王莽	（一）湖北省襄陽市保康縣店埡鎮格欄坪村？ （二）陝西省渭南市華陰縣紅岩村旁？

　　新莽被商人杜吳所殺，史書上未載其葬地，至於王莽之妻死，葬渭陵長壽園西，僭號為億年陵，後為更始亂軍所發，並燒其棺槨，自葬至發，前後僅兩年而已。

第二節　漢（更始）陵寢

帝　系	姓　名	陵　地
淮陽王	劉玄	陝西省西安市東三十五里，霸陵。

　　《歷代山陵考》：「赤眉殺淮陽王，劉恭夜負其屍，帝詔鄧禹葬之霸陵。」

第九章　東漢陵寢

帝　系	姓　名	陵　名	陵　地
先　世			
	劉回	章陵	湖北省襄陽市棗陽市東。〔註1〕
	劉欽	章陵	湖北省襄陽市棗陽市東。
本　朝			
光武帝	劉秀	原陵	（一）河南省洛陽市孟津縣白鶴鎮周口村？
			（二）河南省洛陽市孟津縣劉家井村西？
			（三）河南省洛陽市孟津縣送莊鎮三十里舖西南（大漢冢）？
明帝	劉莊	顯節陵	河南省洛陽市偃師市寇店鎮李家村西南？
章帝	劉炟	敬陵	河南省洛陽市偃師市龐村鎮白草坡東南1公里？
和帝	劉肇	慎陵	河南省洛陽市偃師市龐村鎮彭店寨村東500公尺？
殤帝	劉隆	康陵	河南省洛陽市偃師市龐村鎮彭店寨村東800公尺？
安帝	劉祜	恭陵	河南省洛陽市孟津縣送莊鎮三十里舖西南（大漢冢）？
順帝	劉保	憲陵	河南省洛陽市孟津縣平樂鎮平樂村北（二漢冢）？
沖帝	劉炳	懷陵	河南省洛陽市孟津縣平樂鎮平樂村北（三漢冢）？
質帝	劉纘	靜陵	河南省洛陽市偃師市高龍鎮逯寨村西南700公尺？

〔註1〕《後漢書・城陽恭王祉傳》卷十四：「建武二年，以皇祖、皇考墓為昌陵，置陵令守視，後改為章陵，因以舂陵為章陵縣。」按，光武祖回曾為鉅鹿都尉，父欽曾為南頓令，均無諡號。

桓帝	劉志	宣陵	河南省洛陽市偃師市寇店鎮周寨村南 500 公尺？
靈帝	劉宏	文陵	河南省洛陽市孟津縣送莊鎮三十里舖行政村劉家井自然村北（劉家井大墓）？
少帝	劉辯		河南省洛陽市附近，（趙忠成壙中）。
獻帝	劉協	禪陵	河南省焦作市修武縣方莊鎮古漢村南。
後代嗣皇帝追尊其先世			
德帝	劉慶	慶陵	河北省邢台市清河縣。〔註2〕
穆帝	劉開	樂成陵	河北省滄州市獻縣。〔註3〕
崇帝	劉翼	博陵	河北省保定市博野縣。〔註4〕
元帝	劉淑	慎園	河北省滄州市獻縣。〔註5〕
仁帝	劉萇	慎園	河北省滄州市獻縣。〔註6〕

　　據《帝王世紀》記載，漢魏洛陽故城西北15～20里有五陵，即光武帝原陵、安帝恭陵、順帝顯陵、沖帝懷陵及靈帝文陵。（在今孟津縣東，北自新莊，南到平樂以北）。故城東南30～48里南郊，兆域有六陵：明帝顯節陵、章帝敬陵、和帝慎陵、殤帝康陵、質帝靜陵及桓帝宣陵。（在今高龍、寇店一帶）。

　　據查，寇店鄉境內現在大冢22個，高龍鄉境有15個，大口鄉境內有5個，總計42個。這些冢或呈覆斗形，或呈圓錐形，或呈不規則形，高低大小不一，已失去原來的規模，冢前皆無石刻和任何標誌。它們位於漢魏洛陽故城東南的伊河南岸，與文獻所載東漢南郊兆域皇陵之方向、里數基本吻合。故東漢南郊兆域六陵應當在這一區域內。〔註7〕

一、北兆域（即邙山五陵）史料及現各陵可能的墓主

（一）漢光武帝原陵

　　《後漢書·光武帝紀下》：中平三年「三月丁卯葬光武皇帝於原陵」。唐·李賢注引《帝王世紀》，「原陵方三百二十步，高六丈。在臨平亭東南，去洛陽十五里。」宋·徐天麟《東漢會要》：「山方三百二十三步，高六丈六尺。

〔註2〕德帝為安帝之父，章帝之子。
〔註3〕穆帝為章帝子，桓帝之祖父。
〔註4〕崇帝為河間王劉凱子，漢桓帝父。
〔註5〕元帝為靈帝之祖父。
〔註6〕仁帝為靈帝之父。
〔註7〕1992年修《偃師縣誌》，北京：三聯書店，頁687。

《帝王世紀》曰：「在臨平亭之南，西望平陰，東南去雒陽十五里。」《東觀漢記》載：建武二十六年四月，劉秀「始營陵地於臨平亭南，詔曰：無為山陵，陂池〔註8〕裁令流水而已。」今有二說，一在孟津黃河之濱白鶴鎮周口村，一在孟津劉家井村西。

（二）漢安帝恭陵

《後漢書・安帝紀》：延光三年四月，「葬孝安皇帝於恭陵」。李賢注引《帝王世紀》：「在今洛陽東北二十七里。」伏侯《古今注》：「陵山周二百六十步，高十五丈。」徐天麟《東漢會要》：「山周二百六十步，高十五丈，《帝王世紀》曰：高十二丈，在雒陽西北，去雒陽十五里。」今孟津三十里舖村南，俗稱「大漢冢」者，疑即恭陵。

（三）漢順帝憲陵

《後漢書・順帝紀》：建康元年「九月丙午，葬孝順皇帝於憲陵。」李賢注引《帝王世紀》：「在洛陽西北十五里。陵高八丈四尺，周三百步。」徐天麟《東漢會要》：「山方三百步，高八丈四尺。《帝王世紀》曰：在雒陽西北，去雒陽十五里。」《東觀漢記》載：順帝遺詔：「無起寢廟，衣以故服，珠玉玩好，皆不得下，務為節約。」今「大漢冢」之南，「二漢冢」疑即憲陵。

（四）漢沖帝懷陵

《後漢書・順帝紀》：永嘉元年正月「己未，葬孝沖皇帝於懷陵。」李賢注引《帝王世紀》：「在洛陽西北十五里。」《古今注》曰：「高四丈六尺，周百八十三步。」《東漢會要》曰：「山方百八十三步，高四丈六尺。《帝王世紀》曰：西北去雒陽十五里。」《後漢書・李固傳》：「將北卜山陵，李固議曰：『今處處寇賊，軍兵用費加倍。新創憲陵，賊發非一，（沖）帝尚幼小，可起陵於憲陵塋內，依康陵制度，其於役費三分減一。』乃從固議。」考懷陵當在憲陵之南即今俗稱的「三漢冢」。

（五）漢靈帝文陵

《後漢書・靈帝紀》：中平六年六月「辛酉，葬孝靈帝於文陵。」李賢注引《帝王世紀》：「在洛南西北二十里。陵高十二丈，周回三百步。」《東漢會

〔註8〕據嚴輝、慕鵬的解釋：「陂池」應解為「山阪」，〈「陂池」──東漢帝陵封土的新形制〉，《中國文物信息網》，2006年10月21日。

要》引〈帝王世紀〉曰：「山方三百步，高十二丈。在雒陽西北，去雒陽二十里。」考為孟津護駕莊西南大冢，與原陵（白鶴鎮周口村）、恭陵（大漢冢）呈三角形。

南兆域（即洛南六陵）史料及推測陵址地望

（六）漢明帝顯節陵

《後漢書・章帝紀》：永平十九年「壬戌，葬孝明帝於顯節陵。」李賢注引《帝王世紀》：「顯節陵方三百步，高八丈，其地故富壽亭也，西北去洛陽三十七里。」徐天麟《東漢會要》：「山方三百步，高八丈。」《帝王世紀》曰：「故富壽亭也，西北去洛陽三十七里。」東漢・王符《潛夫論・浮侈第十二》：「明帝葬於洛南，皆不藏珠寶，不造廟，不起山陵。」二說殊異，今無考。

（七）漢章帝敬陵

《後漢書・和帝紀》：章和二年三月「癸卯，葬孝章皇帝於敬陵。」李賢注引《帝王世紀》：「在洛陽城東南三十九里。」伏侯《古今注》：「陵周三百步，高六丈二尺。」徐天麟《東漢會要》：「山方三百步，高六丈二尺。《帝王世紀》曰：在雒陽東南，去雒陽三十九里。」當在今偃師市高隆鎮一帶。

（八）漢和帝慎陵

《後漢書・和帝紀》：延平元年「三月甲申，葬孝和皇帝於慎陵。」李賢注引《帝王世紀》：「在洛陽東南三十里。」徐天麟《東漢會要》：「山方三百八十步，高十丈。《帝王世紀》曰：去雒陽四十一里。」當在今偃師市高隆鎮一帶。

（九）漢殤帝康陵

《後漢書・和帝紀》：延平元年九月「丙寅，葬孝殤帝於康陵。」李賢注引《帝王世紀》：「陵在慎陵塋中庚地。高五丈五尺，周二百八步。」徐天麟《東漢會要》：「山周二百八步，高五丈五尺，《帝王世紀》曰：高五丈四尺，去雒陽四十八里。」亦當在今偃師市高隆鎮一帶。

（十）漢質帝靜陵

《後漢書・質帝紀》：本初元年「秋七月乙卯，葬孝質皇帝於靜陵。」李賢注引《帝王世紀》：「在洛陽東南三十里。陵高五丈五尺，周百三十八步。」《東漢會要》曰：「山方百三十六步，高五丈五尺。《帝王世紀》曰：在雒陽東

南，去雒陽三十二里。」當在今偃師市高隆鎮一帶。

（十一）漢桓帝宣陵

《後漢書·靈帝紀》，建寧元年，「二月辛酉，葬孝桓帝於宣陵。」李賢注引《帝王世紀》：「在雒陽東南三十里。陵高五丈五尺，周百三十八尺步。」《東漢會要》引《帝王世紀》曰：「山方三百步，高十丈，在雒陽東南，去雒陽三十里。」當在今偃師市高隆鎮一帶。

邙山陵墓群位於洛陽北部、東部和東北部的邙山地區。邙山是秦嶺崤山山脈的餘脈，地形屬於低山丘陵。北有黃河天險，南為伊洛河盆地。海拔 120～340 公尺左右，地勢起伏平緩，黃土土層深厚，粘結性好，堅固致密，適於營建墓塋。從東周時期開始，這裡便成為人們理想的安息之地。陵墓群佔地面積約 750 餘平方公里，所在區域東西長 50 公里，南北寬 20 公里。地跨洛陽市所屬的西工區、老城區、澗西區、瀍河區、洛龍區、偃師市、孟津縣等七個市、區、縣。包括了 20 餘個鄉鎮，360 多個自然村。陵墓群西土孟津縣常袋鄉酒流凹村——洛陽市紅山鄉楊冢村一線，東至偃師市山化鄉南遊殿村——山化鄉忠義村一線，北及黃河，南臨洛河。根據考古工作者 2002 年11 月的初步調查，陵墓群全境目前尚存的古代墓冢大約有 330 餘座。

二、六代帝陵及其陪葬墓群的歷史價值

根據文獻記載和考古發現，已經確知在邙山地區埋葬著東周、東漢、曹魏、西晉、北魏、後唐等 6 代帝陵及其陪葬墓群。初步統計至少有 24 座帝王的陵墓分佈其間，其中東周時期的王墓 8 座，東漢帝陵 5 座，曹魏帝陵 1 座，西晉帝陵 5 座，北魏帝陵 4 座，五代後唐帝陵 1 座。它們是東漢光武帝原陵、安帝恭陵、順帝憲陵、沖帝懷陵、靈帝文陵；曹魏文帝首陽陵；西晉宣帝高原陵、景帝峻平陵、文帝崇陽陵、武帝峻陽陵、惠帝太陽陵；北魏孝文帝長陵、宣武帝景陵、孝明帝定陵、孝莊帝靜陵；後唐明宗的徽陵。諸帝陵及其陪葬墓群主要是一些大型的封土墓，它們是邙山古墓的主體。

除陵墓群之外，邙山地區作為全國最大的古墓集中地，還匯集了兩周、兩漢、曹魏、西晉、北魏、隋、唐、五代、宋、金、元、明、清等各個時期其他類型的古代墓葬。它們與陵墓群交匯在一起，估計約有數十萬之眾，號稱「無臥牛之地」。邙山是全國著名的地下文物寶庫，以往曾出土了數以萬計的珍貴文物，具有很高的歷史、藝術、科學價值。國內外許多知名博物館、藝術館都

收藏有邙山出土的文物。

通過前人的調查研究，邙山陵墓群帝陵佈局的框架大致已經初步建立起來。但是總體上講，考古工作者對邙山陵墓群的基礎情況沒有一個全面的認識，在考古學研究和文物保護方面仍有許多的重大問題沒有解決。這些問題主要有以下幾個方面：

（一）多數帝陵的具體位置不明確，陪葬墓的數目不清。

（二）整個陵墓群的範圍和各個陵區的範圍不清楚。

（三）帝陵、陪葬墓的佈局，墓葬形制，演變序列，埋葬制度和保存狀況了解不多。

（四）帝陵陵園和陪葬墓園遺址的建築佈局、結構和保存狀況知之甚少。

（五）被盜嚴重，許多人為和自然原因正不斷地侵蝕著陵墓的封土和陵園遺址，威脅著地上地下文物安全，保護問題極待解決。〔註9〕

（1）2003 年 10 月 29 日「邙山陵墓群考古調查與勘測」正式啟動，第一階段邙山陵墓群古墓冢文物普查全面展開。經過 3 年努力截至 2006 年 4 月底已經完成預設任務的 90%以上，調查勘測古墓冢 720 餘座。2006 年內全部完成。目前，第一階段調查資料正在整理，考古報告也在籌備編寫之中。

（2）2004 年 2 月 28 月～5 月 26 日，為了配合孟津縣文化文物局的文物保護工程，考古工作者調整了工作計劃，先期對北魏孝文帝長陵進行了重點調查和鑽探，鑽探面積 16 萬平方公尺，基本上搞清了長陵陵園遺址的佈局、結構、文化內涵和保存狀況。2005 年 10 月 10 日～11 月 2 日，又對有關問題做了第二補充鑽探，鑽探面積 4 萬平方公尺。該項成果已經在《文物》雜誌和《中國文物報》上發表。

（3）2004 年 6 月 24 日～7 月 14 日，洛陽市第二文物工作隊和鄭州大學歷史歷史系（韓國河教授等）合作對偃師市高崖村的 1 座東漢南兆域的大墓進行了考古鑽探。這座墓冢被認為可能是漢質帝靜陵或桓帝宣陵。鑽探面積 1.2 萬平方公尺。通過鑽探確定封土的形制規模，在封土東側發現了 1 處陵園建築基址。

（4）2005 年 11 月 2 日～2006 年 2 月 14 日，偃師市杜樓村北被盜了 1 座

〔註9〕嚴輝：〈洛陽邙山陵墓群考古調查與勘測項目工作回顧與總結〉，《中國文物報》，2006 年 11 月 1 日。

北魏石棺墓。由於該墓位於西晉崇陽陵南側，兩地的直線距離只有 200 公尺，對於研究西晉帝陵的廢棄狀況很有意義，所以考古工作者該墓併入邙山墓群調查與勘測項目，進行了搶救性發掘。

（5）2005 年 12 月開始，第一階段邙山帝陵的重點鑽探調查開始實施。考古工作者首先對邙山地區最大的東漢帝陵——大漢冢進行了重點調查和考古鑽探。截至 2006 年 7 月鑽探面積已達 40 萬平方公尺，目前已經有了突破性的發現。這座墓冢的封土直徑 130 公尺，高 19 公尺。封土西側發現 3 座規格很高的陪葬墓冢，封土的南側、東側發現了 2 處規模巨大的建築遺址，其中的 1 座面積達 2100 平方公尺。大冢的東北方向發現了一片面積大約 20 萬平方公尺的建築遺址群。工作尚未完成，情況不甚明瞭，估計應是陵廟遺址。另外陵園的範圍已經有了線索，但沒有最終解決，需要進一步做工作。

（6）2006 年 3 月 8 日開始，洛陽市第二文物工作隊對位於孟津縣東山頭村東南的玉冢進行了重點調查和鑽探。這個墓冢的直徑 94 公尺，也是屬於帝陵級別的墓冢。處於東漢陵區和北魏陵區的結合點上，其性質對於解決邙山東漢和北魏陵墓的佈局至關重要。目前已經鑽探 15 萬平方公尺，陵園的東面垣墻和垣壕已經找到，在墓冢東南 200 公尺處發現了 1 處約有 1 萬平方公尺左右的建築遺址。其餘工作正在進行當中。

（7）2006 年 7 月～10 月，配合鄭州至西安高速鐵路建設工程，對洛南的東漢帝陵南兆域進行了調查。調查、鑽探東漢帝陵陵園遺址 1 處，發現直徑 125 公尺大型夷平封土墓 1 座，大墓的東北方發現了 12.5 萬平方公尺建築遺址群 1 處；調查、鑽探東漢大型墓園遺址 1 處，面積 15.4 萬平方公尺，墓園遺址外圍發現了閉合型環溝，墓園內部還有現存封土墓 7 座。除此之外還發掘大型封土墓 2 座，其他類型墓葬 30 餘座，發掘遺址面積 2400 餘平方公尺，鑽探面積共計 36 萬平方公尺。通過上述工作對洛南東漢陵區有了一個全新的認識。〔註10〕

帝陵陵園遺址位於龐村鎮白草坡村東北。發現大型夷平墓冢 1 座，原始封土的平面為圓形，直徑 125 公尺。符合文獻的記載，是一座帝陵級別的墓冢。墓冢的東北方有一處週邊精築夯土垣牆的建築遺址群。南北長 380 公尺，東西寬 330 公尺，面積 12.5 萬平方公尺。墓冢與建築遺址群的位置關係以及建築結

〔註10〕嚴輝：〈洛陽邙山陵墓群考古調查與勘測項目工作回顧與總結〉，《中國文物報》，2006 年 11 月 1 日。

構形式都與邙山地區已知的東漢帝陵相同或相似，說明和帝陵陵園關係密切。

陪葬墓園遺址位於高龍鎮閣樓村西 0.5 公里，西南距白草坡東漢帝陵陵園遺址 2.5 公里。南北長 455 公尺，東西寬 340 公尺，面積 15.4 萬平方公尺。遺址週邊開挖閉合型環溝，內部構築了 7 座封土墓，封土原始直徑 28～65 公尺。東南部還發現了大範圍的建築堆積。墓園遺址中的墓冢規模不大，佈置在一個相對較小的範圍內，與帝陵的葬制不符，是東漢時期流行的家族墓地。由於處於洛南陵區陪葬墓群的範圍內，其陪葬的性質明顯。〔註11〕

到了魏晉南北朝時期，由於距東漢王朝滅亡的時間不遠，人們的認識依然清晰。有許多的詩賦都提到了邙山的漢陵，最著名的是張載的《七哀詩》和張協的《登北邙山賦》。可以看出當時的人們對邙山東漢帝陵的位置以及毀廢狀況是很熟悉的。唐代的李賢曾為《後漢書》作注，就李賢注的內容而言，唐代人對東漢帝陵仍有相當的了解。唐代以後，東漢帝陵漸漸不為人們所知。宋元時期一些關於東漢帝陵地望的文獻已經出現了明顯錯誤，原來屬於洛南陵區的帝陵被歸到了邙山上。也就是在這一時期，光武帝的原陵被鎖定在遠離邙山而又臨近黃河岸邊的鐵謝村的「劉秀墳」。

明清以後，東漢帝陵的確切方位已經完全模糊，從清代開始人們做了一些有益的探索。乾隆九年（1744 年），洛陽知縣龔崧林勘察了洛陽附近的古代墓冢，確定了 21 座陵墓的位置，自捐俸祿在陵前立碑，劃定了陵域範圍，飭令地方加以保護。龔氏依據主要的是舊的地方史志，同時還尋訪了當地遺老。地方史志的錯誤本來就很多，龔崧林也沒有做認真地考證，以訛傳訛在所難免，繼續將原屬於洛南陵區的明帝顯節陵、章帝敬陵、和帝慎陵、質帝靜陵和桓帝宣陵等陵墓定位在邙山地區。1933 年河南大學校校長王廣慶考察邙山東漢帝陵，考察的情況記錄在《洛陽訪古記》一文中，但東漢帝陵的歸屬問題仍然沿用以往舊說。他在肯定現存遺蹟性質的前提下，又對《後漢書》李賢注和《帝王世紀》等早期文獻提出了質疑。

清代以來的探索主要依靠文獻資料。保留至今的關於東漢帝陵的文獻非常有限，比較可靠的早期文獻主要有《後漢書》、《東觀漢記》、《續漢書》、《後

〔註11〕 洛陽市第二文物工作隊，領隊史家珍：〈河南洛陽偃師東漢帝陵與洛陽邙山墓群〉，《2007 年度中國十大考古新發現名單》，中國網；並見洛陽市第二文物工作隊、偃師市文管會：〈偃師白草坡東漢帝陵陵園遺址〉，《文物》，2007 年 10 期；並見洛陽市文物管理局編著《洛陽大遺址研究與保護》，北京：文物出版社，2009 年，頁 217。

漢紀》。這些文獻中關於陵園建設、陵寢制度、祭祀禮儀、陪葬制度等等內容相對較多。而關於帝陵位置的內容則較為簡略，主要集中在《後漢書》李賢注所引《帝王世紀》,《續漢書·禮儀志》劉昭補注所引《古今注》之中。這兩部書成書於東漢或距東漢不遠，其內容真實可信，是考古工作者認識邙山東漢五陵的基礎性文獻。但是這兩本書中關於帝陵地望的記載只是簡單的里程和方位，沒有可靠的參照。僅僅依據這些材料就將東漢帝陵在邙山的數百座古代墓冢之中找到可靠的對應關係是非常困難的。因此單純利用現有的文獻來解決問題幾乎沒有可能。

　　1981 年，宮大中先生發表文章〈邙山北魏墓誌初探〉，依據北魏·宋靈妃墓誌的記載，認為三十里舖村南的大漢冢為光武帝原陵。黃明蘭先生 1982 年發表〈東漢光武皇帝劉秀原陵淺談〉闡述自己的觀點，之後又發表《洛陽歷代皇陵》做了進一步的補充。黃先生依據《太平廣記》和北魏·宋靈妃墓誌、隋王成墓誌的記載，認為洛陽老城北部的盤龍冢為光武帝原陵，近旁馬坡村的西部、西北部的 2 個墓冢為安帝恭陵和靈帝文陵。黃先生所定的這幾個帝陵周圍沒有陪葬墓群，沒有解決帝陵和陪葬墓的配置問題；所據的歷史文獻較晚且言語不詳，與《帝王世紀》和《古今注》的記載相悖，誠不可信。

　　1981 年 12 月陳長安先生對邙山做了實地調查，1982 年發表《洛陽邙山東漢陵試探》一文。陳先生最大的貢獻是依據文獻記載，首次提出東漢北兆域五陵均位於邙山之上，澈底否定了北宋以來把鐵謝村的「劉秀墳」當作光武帝原陵的錯誤。他主張劉家井大冢為光武帝原陵，護莊村西南大冢為靈帝文陵，三十里舖大漢冢為安帝恭陵，平樂村二漢冢為順帝憲陵，三漢冢為沖帝懷陵。他所定的這五陵均位於我們今天所知的邙山東漢陵區的核心地帶。他還認為北魏·叔孫協墓誌、宋靈妃墓誌是偽誌，其中關於原陵的記載不可靠。陳長安先生的論述自成體系，有些觀點至今還顯示相當的正確性，特別是憲陵、懷陵位置的確定符合文獻中關於沖帝祔葬順帝的記載，得到了一些學者的認同。但是有些觀點也並非無懈可擊。

　　1984 年文物普查在劉家井大冢前發現了銘刻「建寧」、「熹平」年號的兩塊黃腸石，李南可先生據此發表文章認為劉家井大冢為靈帝文陵。這個觀點依據屬於靈帝時期的確實的出土材料，因而可信度很高。這樣一來長安先生關於劉家井大冢是原陵觀點就難以成立了，同時又引出護莊西南大冢是靈帝文陵也不成立。護莊大冢現存封土的形制為覆斗形，根據洛陽文第二文物工作隊的

文物普查和重點鑽探情況來看，邙山的東漢帝陵及其陪葬墓群多採用圓形的
封土，沒有覆斗形的封土。其覆斗形的封土形制與關中和洛陽附近的唐代陵墓
接近。龔崧林認為是後唐明宗的徽陵，清朝距後唐的年代較近，龔氏依據的材
料應該是可靠的。

　　另外，長安先生根據《古今注》記載安帝恭陵「山周二百六十丈，高十五
丈」，以及《後漢書》記載恭陵「先後相逾，失其次序」，認為恭陵造得確實太
大了，而大漢冢又是邙山上冢墓中最大的一個，故此將大漢冢定為安帝恭陵。
這個意見也需要重新考慮。《後漢書》李賢注引《古今注》記載恭陵山周為二
百六十丈，《續漢書·禮儀志》劉昭補注引《古今注》卻為二百六十步。同一
部書的同一個數字在被引用時出現了偏差，說明是有問題的。漢二百六十丈約
合今 631.8 公尺，折合封土直徑為 201 公尺，這與大漢冢現存的直徑 130 公尺
相差甚遠，整個邙山至今沒有發現有如此規模的大冢。故此二百六十丈有誤，
當二百六十步之訛。另外《後漢書》記載恭陵「先後相逾，失其次序」，聯繫
上下文，指的是恭陵在宗廟中的排位失其次序，而非封土規模逾制。這兩條史
料均不能證明大漢冢即為安帝恭陵。

　　1982 年 4 月楊寬先生進行教學實習，和劉根良先生以及日本留學生太田
有子、高木智見先生一行 4 人到西安、洛陽、鞏縣調查歷代帝王陵墓遺蹟。
1982 年第 6 期《復旦學報》上發表了 4 人合署的《秦漢陵墓考察》一文。他
們根據《帝王世紀》的記載，將東漢帝陵分成洛陽東南、西北兩個地區。東
南區 7 陵、西北區 4 陵，沖帝懷陵被歸到了東南區。在洛陽西北區，他們認
為《帝王世紀》中記載的光武帝原陵東南距洛陽故城十五里，當二十五里之
誤，肯定鐵謝村的「劉秀墳」為光武帝原陵，並且為這個觀點做了注解。除
了此外大漢冢、二漢冢、三漢冢分別被定為安帝恭陵、順帝憲陵和靈帝文陵。
1983 年太田有子發表文章《東漢光武帝原陵位置探討》。駁斥了陳長安關於
劉家井大冢為原陵，「劉秀墳」為北魏時期的方澤壇的觀點，以《帝王世紀》
所載「東南去洛陽十五里」的里數有脫誤為主要理由，結合其他史地著作的
記載，繼續堅持「劉秀墳」即為光武帝原陵。

　　根據文物普查的情況看，邙山東漢陵區的核心區域指向了孟津縣送莊鄉
三十里舖村及其附近地域。包括了三十里舖、劉家井、送莊、護莊、東山頭、
後溝、平樂、妯娌新村、朱家倉、天皇嶺、張盤、新莊、裴坡、上屯、上古
等 2 個鄉鎮共約 15 個村莊，面積近 40 平方公里。該區域位於邙山之巔，中

部高亢寬廣起伏平緩，其外緣從海拔 137～145 公尺陡然提升到海拔 180～200 公尺，形成南北兩側陡坡狀，襯托出中部地區地理位置的顯著和重要。其間的古代墓冢不僅密集，而且大小冢結合，要件齊全。墓冢的年代大部分為東漢時期，質形制規模也相對較大。整個邙山地區別無第二個如此規模龐大而又佈局結構完整的漢墓區，所以此即東漢帝陵核心區域無疑。

陵區的西部墓冢稀疏，現存有 5 座獨立大冢。其中有 4 座大致成南北一線，它們是三十里舖的大漢冢、平樂村的二漢冢、三漢冢、劉家井大冢，另外還有 1 座位於上述 4 座的西側，即東山頭村東南的玉冢。從清代開始，人們雖然對它們的歸屬、年代一直存在著分歧，但是在是否是帝陵這一點上卻是一致的。這 5 座大冢與東漢帝陵關係密切，原因有三：第一，5 座大冢位於邙山中段的制高點，對最顯著的地理位置；封土的規模宏大，個存較為完整，單面均為圓形，除三漢冢之外直徑均在 100 公尺上下，整個陵區內沒有墓冢能與之匹敵。第二，封土規模、地理方位和里程均符合或大致符合文獻對東漢帝陵的記載，應屬於帝陵級別的墓冢。第三，與周圍的墓冢存在著合理的配置，有機的聯繫。5 座大冢附近的北側、西側有一些零星的小冢，根據鑽探的情況看規格非常高，墓葬形制也屬於東漢時期，應為文獻記載的「北陵」、「西陵」等后妃的墓冢。陵區的東部墓冢密集，這些墓冢與西部 5 座大冢相比規模要小的多，單面為圓形，封土直徑一般在 50 公尺以下，為帝陵的陪葬墓群。

5 座大冢現存的封土直徑分別為大漢冢 130 公尺、玉冢 94 公尺、二漢冢 118 公尺、三漢冢 70 公尺、劉家井大冢 114 公尺。據《古今注》的記載，邙山東漢五陵的周長分別原陵 323 步、恭陵 260 步、憲陵 300 步、懷陵 183 步、文陵 300 步。按圓形平面折算其直徑分別為 149 公尺、120 公尺、139 公尺、84 公尺、139 公尺（1 步 6 尺，1 晉尺 0.243 公尺）。對這兩組數字進行比較，考古工作者可以發現有兩個重要的特點。第一，兩組數字組合形式是一致的，即均為一組最大（原陵—大漢冢），2 組中等（憲陵、文陵—二漢冢、劉家井大冢），1 組較小（恭陵—玉冢），1 組最小（懷—三漢冢）。也就是說，文獻記載的邙山東漢帝陵大小規模組合與現實中的帝陵級別的大冢有一致性。說明它們之間可能存在某種著對應關係。第二，存在對應關係的兩個數字的數值接近，且整體誤差也接近。大漢冢和原陵差－19 公尺，玉冢和恭陵差－26 公尺，二漢冢和憲陵差－21 公尺，三漢冢和懷陵差－14 公尺，劉家井大冢和文陵差－25 公尺。玉冢和劉家井大冢現存封土有明顯被破壞的迹象，所以它們的直

徑數值略小，誤差可能就略大。綜合起來，兩組數字的誤差都在－20 公尺上下，是一個大約相等的範圍。這種現象絕不是巧合。造成這個現象時原因是自然損耗？還是其他什麼原因？考古工作者尚不清楚。但是誤差大致相等進一步證明了它們之間可能存在著對應關係。因此第二文物工作隊傾向於大漢冢為光武帝原陵、玉冢為安帝恭陵、二漢冢為順帝憲陵、三漢冢為沖帝懷陵、劉家井大冢為靈帝文陵。

前文提到，劉家井大冢為靈帝的文陵，二漢冢為順帝憲陵，三漢冢為沖帝懷陵，上世紀 80 年代已經有了這種觀點。文物普查的結果支持這種意見。剩下的問題只有原陵和恭陵。原陵為東漢的祖陵，構建宏大的陵園和陵冢乃情理之中，陵區內唯有大漢冢能與之匹配。考古工作隊在大漢冢封土附近發現了規模宏大的建築基址和建築遺址群，另外還採集到了一些重要的漢代碑刻，上面有「漢室中興」字樣，這些證據表明大漢冢極有可能就是光武帝原陵。和原陵相比，恭陵的陵園、陵冢應該小的多，玉冢與其相當。〔註 12〕

敏聰考察有關洛陽地區的史蹟有 6 次，分別為 1988、1996、2011、2012、2013、2014。後兩次交通路線得力於姚京亮：《洛陽自駕遊》（2013 年），該書雖為導遊之書，但編寫等仍需耗時 6 年，在此由衷申謝。

少帝陵：少帝為董卓所廢，宦官趙忠預築之墓，忠被殺，以此壙葬少帝。

東漢末年，董卓當權東漢帝陵悉被掘。按《後漢書·董卓傳》：「及何后葬，開文陵（靈帝陵），卓悉取藏中寶物。」又：「使呂布發諸帝陵，及公卿以下冢墓，收其珍寶。」

漢獻帝陵：位焦作市修武縣於方莊鄉之古漢村南。高約 7 公尺，周長約 250 公尺。《後漢書》「建安二十五年三月，改元延康，冬十月乙卯皇帝遜位，魏王丕為天子，奉帝為山陽公」。魏青龍二年三月庚寅（234 年）「山陽公薨，……八月壬申，以漢天子禮儀葬於禪陵」。《後漢書·獻帝紀》曰：「禪陵在濁鹿城西北十里，在今懷州修武縣北二十五里，陵高二丈，周圍二百步」。

魏景元元年（261 年），漢獻帝夫人曹節死，魏帝使持節追諡夫人為獻穆皇后，葬禮皆如漢家故事，與獻帝劉協合葬禪陵。清乾隆五十五年（1790 年），河北鎮總兵官王普又於陵前立碑。〔註 13〕

〔註12〕嚴輝：〈邙山東漢帝陵地望的探索之路〉，《中國文物報》，2006 年 11 月 3 日；韓國河：〈東漢陵墓踏查記〉，《考古與文物》，2005 年第 3 期。
〔註13〕1992 年修《修武縣志》，頁 580。

　　《後漢書·顏師古注引漢舊儀曰》：「帝崩，唅以珠，纏以緹繪十二重。以玉為襦，如鎧狀，連縫之，以黃金為縷。腰以下以玉為札，長一尺，〔廣〕二寸半，為柙，下至足，亦縫以黃金縷。（請）諸衣衿斂之。凡乘輿衣服，已御，輒藏之，崩皆以斂。」梓宮（棺木）表裡洞赤，虛文畫日、月、鳥、龜、龍、虎連璧。而陵墓內之制，方中百步（即穴壙四方，每邊為百步），明中（墓室）高一丈七尺（四·五公尺），邊長二丈（五·五公尺），明中覆以坑方石，其內置黃腸（即以黃柏木做為外槨）題湊（即外槨累釘成四阿之形），題湊之旁為便房（藏中便坐），方中並開東西南北四通羨道，並在明中留四方羨道門，其門大足通容六車大門，並以蜃車載棺柩至壙，並以龍輴車載之，並繫綍於棺之緘，從上而下棺入明中之槨內，並埋車馬、虎豹、禽獸於方中和羨道內，再覆土起陵如山，此即陵墓葬制。又據祭祀志稱漢帝陵寢廟分開，寢於墓側，廟於京都，墓側之寢稱為寢殿，其內置日常起居用之衣服，並供祭祀之用。如《漢官儀》曰：「古不墓祭，秦始皇起寢於墓側，漢因而不改。諸陵寢皆以晦、望、二十四氣、三伏、社、臘及四時上飯。其親陵所宮人，隨鼓漏理被枕，具盥水，陳莊具。天子以正月上原陵，公卿百官及諸侯王、郡國計吏皆當軒下，占其郡國穀價，四方改易，欲先帝魂魄聞之也。」

邙山東漢帝陵位置圖

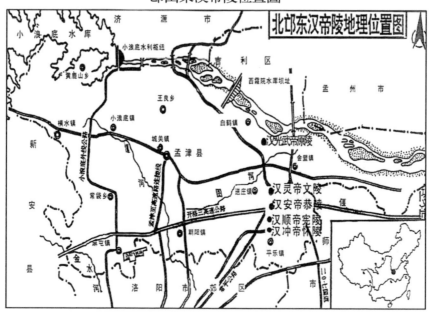

圖取自《洛陽大遺址研究與保護》。敏聰註：劉家井大墓為漢靈帝文陵？大漢冢為漢安帝恭陵？二漢冢為漢順帝憲陵？三漢冢為漢沖帝懷陵？

偃師市地圖

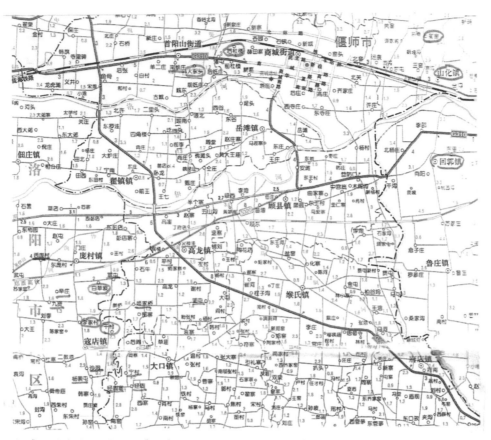

取自《洛陽市交通地圖冊》，中國地圖出版社，2014 年。敏聰註：圖北邊首陽山街道、
南蔡莊、後社樓為曹魏、西晉陵區。

圖　版

漢光武帝原陵（孟津縣白鶴鎮周
口村）？

北邙漢安帝恭陵？（大漢冢）

原陵（孟津縣白鶴鎮周口村）？
上的柏樹

大漢冢

漢光武帝後代，原陵管理處處長劉宏
彬先生（左）與作者合影於漢安帝恭
陵（？）大漢冢，2013 年攝。

二漢冢

三漢冢

漢靈帝文陵？（劉家井大墓）

北邙陵墓群（模型）

漢原陵博物館陳列

東漢石象

南距白馬寺 1 公里，北距漢陵 3 公里，正對北邙東漢皇陵，
據研判為東漢皇陵入口前的遺物。

東漢陵園一帶，遠方為鄭西高速
鐵路

東漢陵園一帶（一）

東漢陵園一帶（二）

漢獻帝禪陵標石

漢獻帝禪陵　　　　　　　　漢獻帝禪陵文保碑